稳定经营

小企业持续盈利6步法

[美] 唐纳德·米勒 著
崔传刚 译

图书在版编目（CIP）数据

稳定经营：小企业持续盈利6步法/（美）唐纳德·米勒著；崔传刚译. -- 北京：中信出版社，2024.1
书名原文：HOW TO GROW YOUR SMALL BUSINESS
ISBN 978-7-5217-6137-5

Ⅰ.①稳… Ⅱ.①唐…②崔… Ⅲ.①企业管理－研究 Ⅳ.① F272

中国国家版本馆 CIP 数据核字 (2023) 第 221111 号

HOW TO GROW YOUR SMALL BUSINESS: A 6-Step Plan to Help
Your Business Take Off by Donald Miller
© 2023 Donald Miller
Published by arrangement with HarperCollins Focus, LLC.
Simplified Chinese translation copyright © 2023 by CITIC Press Corporation
ALL RIGHTS RESERVED
本书仅限中国大陆地区发行销售

稳定经营：小企业持续盈利 6 步法
著者： ［美］唐纳德·米勒
译者： 崔传刚
出版发行：中信出版集团股份有限公司
（北京市朝阳区东三环北路 27 号嘉铭中心 邮编 100020）
承印者： 嘉业印刷（天津）有限公司

开本：880mm×1230mm 1/32 印张：9.25 字数：137 千字
版次：2024 年 1 月第 1 版 印次：2024 年 1 月第 1 次印刷
京权图字：01-2023-5640 书号：ISBN 978-7-5217-6137-5
定价：69.00 元

版权所有·侵权必究
如有印刷、装订问题，本公司负责调换。
服务热线：400-600-8099
投稿邮箱：author@citicpub.com

谨以此书
献给世界各地的小企业主

25% 的小企业会在第一年倒闭，45% 的小企业会在五年内倒闭，65% 在十年内倒闭。仅美国就有 3300 万家小企业。这些企业雇用的员工数要比企业主多出数千万。小企业的成败直接决定了数百万人能否梦想成真。在我看来，小企业才是"大而不能倒"的企业类型。我写作本书的目的，就是希望你的公司不会成为下一家倒闭的企业。

目录
CONTENTS

作者的话 　　　　　　　　I
前言 　　　　　　　　　　III
引言 　　　　　　　　　　V
稳定经营、持续盈利 6 步法

1 领导力

第一步：驾驶舱　　　001
确立你的经营使命
定义企业的主要特征
采取关键行动

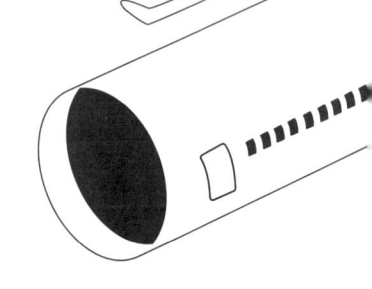

2 营销

第二步：右引擎　　　053
活用7个要素，明确产品
的关键卖点

3 销售

第三步：左引擎　　　093
帮顾客解决问题，
让你的推销价值百万美元

4 产品

第四步：机翼　　　135
优化产品开发和供给，
提升盈利能力

5 成本

第五步：机身　　　165
降本增效，精简管理成本和运营费用

6 现金流

第六步：油箱　　　205
五个账户确保公司财务安全

7 制订小企业盈利计划

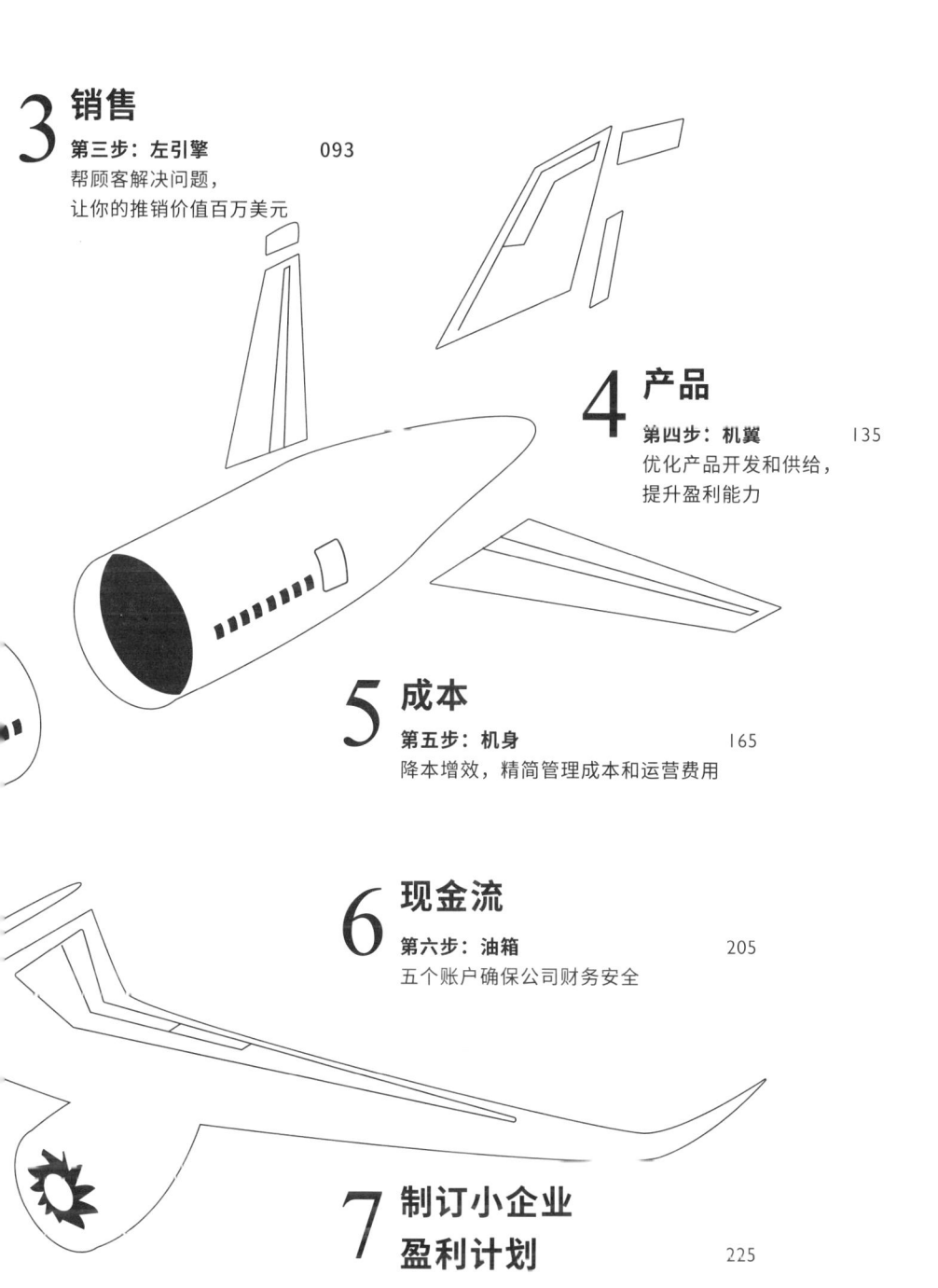

225

致谢　　　253

作者的话

如果你亟需一种小企业成长方案,并希望借助其打造一套可靠且具有盈利性的运营模式,那么你在寻找的可能就是你手里拿的这本书。这本书所提供的六大框架及其操作规范,已成功帮助成千上万的小企业主建立了行之有效的业务。如果你在打造小企业的过程中也曾遭遇过各种管理上的混乱,那么本书正是帮助你化解各种问题的不二之选。

前言　　PREFACE

　　小企业主创业维艰。对于小企业主而言，如果你不知道如何赚钱，你的生意就难以为继。和大企业不同，小企业主没有庞大的预算，因此容不得犯错，也没有低效运作的本钱。

　　但为了钱而整日俯拾仰取，毕竟会让人产生一种疲于奔命的感觉。有时候，小企业主难免会羡慕那些大企业，因为后者就像开着印钞机一样，相对而言，它们并没有很强烈的生存危机感。相较于小企业，大企业的优势究竟体现在哪些方面？其实就在于它们在系统和流程上超越了小企业。

　　由此可见，小企业主需要的是一套能够优化其业务增长的系统。这套系统需要足够简单，应当仅由框架及操作规范组成。小企业需要找到一种方法，以使其日常运营具有可预测性和可靠性。

本书最后的"制订小企业盈利计划"将有助于你从收入和利润角度来优化业务。盈利计划既是一份操作规范,也是一份增长方案。本书将手把手教你完成如何创建适合你自己的盈利计划。

本书是对我亲身经验的总结。得益于本书中的六大框架及其操作规范,我公司员工的数量在短短 6 年时间内从 4 名增加到了 30 名,我们的收入也增长了 4 倍。而且改善的不仅仅是收入,我们的利润率也提升了,产品质量也得到了改进,客户群也扩大了,而且团队士气高涨。事实证明,团队成员和客户都喜欢与运营良好的组织合作。

无论你是在单打独斗,还是已经拥有了成百上千名员工,你都会从本书中受益。

请运用本书来创建行之有效的增长方案,而且不要忘记享受这一段旅程。经营企业本应是一件其乐无穷之事,而当你在运用本书介绍的框架和操作规范时,你就会发现事实确实如此。请享受这个过程。

引言

INTRODUCTION

稳定经营、持续盈利 6 步法

多年前,一位朋友给了我这辈子收到的最好的一个商业建议。他的建议虽然简单,但在接下来的五年中,它却如钟声般一直鸣响在我的脑海之中。

子承父业的比尔将公司做到了数十亿美元的规模,并运用这笔资金操作了数笔成功的企业买卖。比尔深谙企业经营之道,也洞悉企业发展的奥妙。

我们站在我家车库门前畅谈了一个多小时,探讨了我的业务现状以及可能的发展方向。未来充满想象,但我也看得出比尔并未知无不言。我和他认识已久,多年来他一直对我鼓励有加,但这一次,他显然有一些建设性的批评意见没讲出来。我也没有犹豫,直截了当地问他有什么想法。

他不作声地站在那里,思考了好一会儿。"唐,"他低下头，摘下了眼镜，终于开了腔，"你得让你的运营专业化。"

"这是你的问题所在。"他接着说道，"除非实现运营的专业化，否则企业发展会遇到天花板。无论是你赚到钱的数量还是你对世界所能产生的积极影响，都将是有限的。"

我以前从没听说过"运营专业化"这个词儿，但它确实击中了要害。我的公司过于以我为中心，而且没有人（包括我自己）知道应该怎么做以实现业务增长。我们确实拥有愿景，但还没有打造出一套实现这一愿景的可靠及可预测系统。

比尔早就看出了这一点，而我现在也知道了。尽管我们已算是一家成功的公司，但我们现在也不得不直面"S曲线"问题了，而这恰恰是大多数小企业所面临的困扰。

你能避开可怕的"S曲线"吗？

每一家成功的企业都会面临S曲线问题。S曲线遵循着一套特定的模式：先是出现一件极好的事情，那就是你的业务开始增长，但接下来会陆续发生一系列决定公司成败的可怕事件。

在S曲线的第一部分，一家企业通常会不动声色地前行。之后它的产品开始畅销，需求甚至可能出现飙升。这简直是魔法般的变化。公司的业务开始增长。顾客喜欢上了公司的产品，并开始向自己的亲朋好友推荐。这一切都很棒，对吧？企业主先前的所有苦恼似乎都已经不再是困扰。

但随后，事情就开始出现转变。

企业主被甩出了自己的最佳位置，也就是公司起步时他们所处的那个最有利阶段。他们现在需要从早到晚地四处灭火，而由于企业主忙着应对各种麻烦，不再有精力去持续创造奇迹，公司的业务也开始出现下滑。

形势每况愈下。过高的增长预期导致他们雇用了太多的员工。他们订购了太多的零部件，生产开始出现过剩。为了提升销量，他们延长了客户的付款期限。他们在市场营销上投入不菲，却收效甚微。他们看到办公室里坐满了人，却不知道这些人到底在干些什么。产品发货推迟、沟通混乱以及售后服务质量下降等现象开始影响到客户的体验。销售额开始下降。他们开始采取降价策略来维持企业运营，结果却降低了产品的价值。各种支出在增加，收入却在减少。企业主不得不靠借款来拆东墙补西墙。他们开始失眠。他们的家庭也开始受到影响。没过多久，企业就被迫关张歇业，而企业主为了偿还债务，也不得不出去打工赚钱。

尽管有客户青睐他们的产品，但他们的结局却很惨淡。

明明存在客户需求，为什么还是会发生如此悲剧性的事情？

和比尔聊完之后，我意识到我也迎头撞上了 S 曲线。我的最佳位置本应是创造内容和构建伟大的产品，但在过去一年，我却在连轴转地开会，充当了公司的灭火队员。

我不希望发生在如此众多小企业身上的事情也在我这里重演。从某种角度来说，比尔的批评让我看到了事情光明的一面。它让我发现，我其实可以找到一种正确的方式来发展壮大我的这家小企业：如果我能使得"运营专业化"，我就可以避开 S 曲线。

我把比尔的话牢记在心，并将其视为一项重大挑战。事后看来，这是一种正确的态度。通过使运营专业化，我的公司最终找到了立足点，而我也得以重新回到创造内容这一我擅长的工作上。事实上，要是当初我没有实现运营专业化，我现在恐怕都没机会写这本你正在阅读的书。

和比尔对话七年之后，我的这家小企业年收入已从当初的 300 万美元增长到了 2000 万美元。其间，我们保持了相当可观的利润率。更难能可贵的是，即使我现在休假几个星期，我的企业也会和我上班一样保持良好运转。

如何使小企业专业化并取得成功？

和比尔聊过之后，我开始四处寻找使小企业专业化的方法，但我越是四处打探越发现这是一处无人涉及的空白。市场上充斥着大量关于领导力、市场营销以及销售的图书，但却找不到一种专注于小企业专业化的简便易用的操作规范。

本书便是我和比尔畅谈时所需要的那种操作规范。是的，我和我的团队已经解决了这个问题，但这个结果是通过一种往前走两步然后退一步的方式，也就是通过不断试错来实现的。我在本书中保留了那些被证明是正确的行事方法，但那些错误的方法则被保留在了我的另一个叫作"教训"的文件夹里。我的经验教训证明，通过瑜伽选修课程来建立客户群这类手段，并不是使运营专业化的一项必要基础框架。

或许运营专业化也正是你所需要的。发展出一系列的体系和流程，使你的小企业能够像机器一样灵活运转，或许正是你在寻找的一种前进路径。

我们旨在使业务专业化的六个领域分别是：

（1）领导力：我们为公司确定了一个包含三大经济优先事项的愿景，并确保公司内所有职能都积极支持这些优先事项（第1章）。

（2）营销：我们明确了营销信息，并将我们的客户带入一个营销故事之中。在这个故事中，客户可以通过购买我们的产品来解决其所面临的问题（第2章）。

（3）销售：我们设置了一个使客户成为主角的销售框架。此外，我们还需要学习如何制订一个百万美元级别的销售方案，以期获得更大的销量，推动收入增长（第3章）。

（4）产品：我们优化了产品提供，并专注于具有客户需求和盈利空间的产品（第4章）。

（5）成本：我们通过管理和生产操作规范来控制开销。基于该规范，我们通过5次定期会议便实现了团队协作。我们确保了每个团队成员都有着明确的目标，并能够得到指导和鼓励（第5章）。

（6）现金流：我们使用了五个活期账户来管理流入资金，并把保护现金流放在了最重要的位置（第6章）。

以上六项举措，解决了我这家小企业所面临的大多数问题。而一旦问题得到解决，我们的业务就变成了一台具有预测性的、可靠的运转机器。

如今，我把我的主要精力都放在了创建内容、会见客户以及陪伴家人等方面。我一周只会和不同的团队成员召开大约五次会议。我们通过这些会议来分享必要信息和制订企业发展方案。

和实施以上六大框架及其操作规范之前相比，我现在过的是一种完全不同的生活。在实现运营专业化之前，我觉得我的公司像是一台将我牢牢捆住的机器。

当然，转型并非易事。为了寻找解决方案，我们聘请了外部顾问，为此花费了数十万美元，并投入了无数的时间和精力，但结果却不尽如人意。幸运的是，最终我们依靠这六大步骤实现了内心的平静和企业的增长。

你需要的是一个能够在六个月内落实的切实可行计划

不论你的产品或服务为何，只要你打造出一台能够正确生产、推广、销售以及分销这些产品的机器，你就可以实现销售额的倍增。本书不仅旨在改变你的企业，还希望将你改变成一个深谙建立有效企业之道的人。一旦你掌握了创业的诀窍，你就可以随心所欲地复制这一流程。

无论你的业务类型是B2C（企业对消费者）、B2B（企业对企业)，还是数字、金融、工业、内容提供、服务或其他，本操作规范的每一个步骤都将为你企业的经营带来积极影响。

相反，如果你不采取这六大步骤来组织和发展业务，那你就会持续受到各种失败因素的困扰。导致众多小企业最终倒闭的原因主要有以下六项：

（1）未能确定经济目标及其优先次序。
（2）未能以明确的信息来营销产品。
（3）未能在销售中使客户成为主角。
（4）未能进行满足客户需求和盈利性的生产。
（5）管理和生产的低效导致开销膨胀。
（6）对现金和现金流管理不善。

你完全可以避免如上问题的出现。只要你能够落实我在本书中所列举的六大步骤，你就可以避开上面所有的坑。

请把本书看作一本运营专业化的说明书。你可以按照本书所讲解的顺序来落实这六大步骤，也可以根据自己的轻重缓急来决定先进行哪一步。只要你愿意，你完全可以在六个月内落实所有六个步骤。当然，你也可以稍微慢一点，比如说用一年或者更长的时间来做这件事。你所落实的每一个步骤都会为你的企业经营带来可见的改善。你会发现，仅是第一步（重新确定企业愿景，并使之包含三个经济优先事项）就可以帮你找到增加收入和提振士气的关键因素。第二步则会进一步促进企业增长，之后的每一步也具有同样的功效。

并不是说你必须全面落实这六大框架才能使企业实现增长，而是说，你落实得越充分，你的业务就会增长得越强劲，你的疲于奔命感也会变得越来越少。

接下来，我们将通过一个图像化的比喻来帮你理解这六大步骤以及小企业的真正运行之道。

把业务打造成一架不会坠毁的飞机

要想领悟小企业完善之道，我们首先需要建立一套业务比较标准，这样我们才能看清楚我们的业务中哪些部分的设计已经趋于完美，哪些部分仍需改进。

你可能遇到过一两个商业方面的所谓奇才。你甚至可能觉得这些人天生就具有商业嗅觉。毋庸讳言，有些人确实会被认为是商业天才，因为他们只需要简单询问几个问题，就可以知道企业出了什么问题。但事实是，他们并非天才。他们只不过是掌握了一套对业务进行比较的标准，是这套标准让他们能够通过快速对比来发现业务中的问题。

本章要介绍的正是这套标准。一旦你掌握了这套标准，你就可以清晰地理解自己（以及其他人）的业务。在本书的其余部分，我将向大家介绍如何通过修复业务中的六大关键组成部分，使其尽量接近这一标准。

飞机就是我们的标准

在我的企业年收入还不到 25 万美元的时候，我的书架上摆放着一架飞机模型。有一天，我盯着这架飞机模型，突然意识到，飞机和商业其实有着同样的设计原理。和飞机一样，商业也是由各个部分构成的，你只有把各个部分组合为一个整体，才能够使业务一飞冲天。

只要建造合理，一架飞机就可以变成一台安全、可靠、有用的机器，能够如期地将人员和货物送达某个固定的目的地。但如果一架飞机没有依照正确的规格进行建造，那它就可能会变成一台危险的机器，导致灾难性的后果。

飞机设计的主要目标是让它不要坠毁，并能顺利抵达特定的目的地。为了能够在空中持续飞行，飞机必须快速向前移动，所以它必须有一个动力源。为了获得升力，它需要有坚固而轻盈的机翼。为了尽可能地多运送人员和货物，它的机身必须尽可能地纤细，这样机身的重量就不会占太大的比重。最后，飞机还必须有足够的燃料，这样它才不会因能量耗尽而坠毁。

一架合格的商用飞机拥有众多的零部件，但要想实现安全飞行，其中的六个部件起着至关重要的作用。

小企业的六大组成部分

我拿起飞机模型，把它放在手里转了一圈。和飞机有六大关键部件一样，企业也有六大关键组成部分。

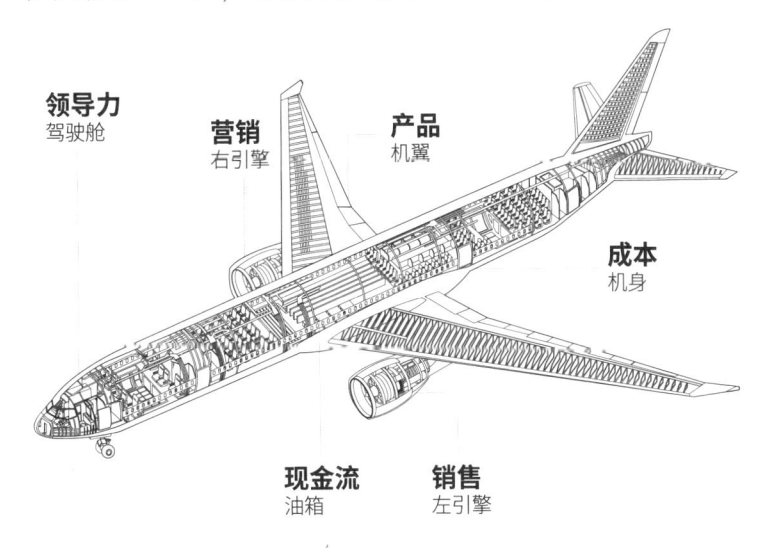

领导力 驾驶舱

营销 右引擎

产品 机翼

成本 机身

现金流 油箱

销售 左引擎

（1）飞机驾驶舱象征着领导力。从本质上来说，领导者对飞机安全抵达目的地这件事负有最终责任。飞行员必须掌握飞机的前进方向，并为安全抵达目的地对整个飞行过程进行设计。

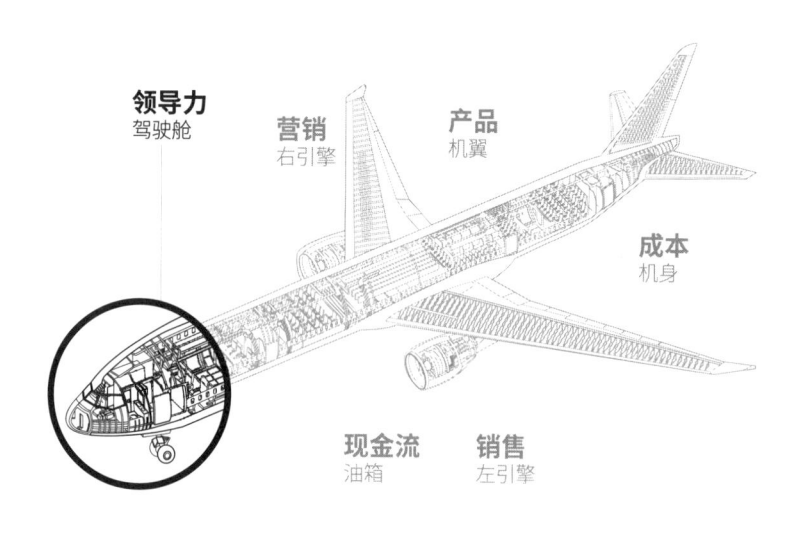

领导力 驾驶舱
营销 右引擎
产品 机翼
成本 机身
现金流 油箱
销售 左引擎

要想实现企业发展，你需要懂得如何通过建立清晰的企业愿景来团结整个队伍。

（2）右引擎象征着市场营销方面的努力，是飞机的直接动力源之一。行之有效的营销引擎能够使企业销售更多的产品，推动业务向前发展。这种推力会有助于飞机的爬升。

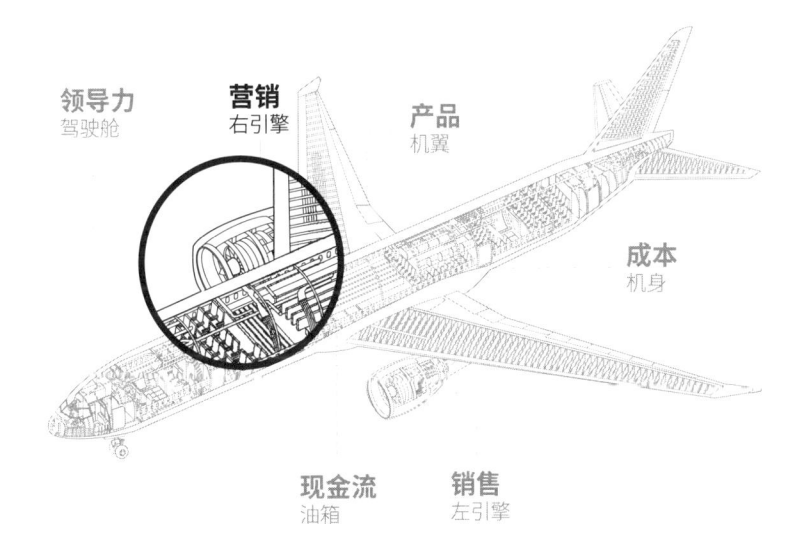

领导力 驾驶舱
营销 右引擎
产品 机翼
成本 机身
现金流 油箱
销售 左引擎

要想实现企业发展,你需要明确自己的营销信息,以使之产生强大的推力。

(3)左引擎象征着进一步增加推力的销售。即便你还没有成立销售团队,你也可能会参与到无穷无尽的销售对话之中。不幸的是,我们大多数人都讨厌销售。尽管如此,如果我们学会了制订百万美元级别的销售方案,并让客户相信我们的产品或服务能够帮助他们解决问题,销售额就会增加,使飞机不断向前的推力也会增加。

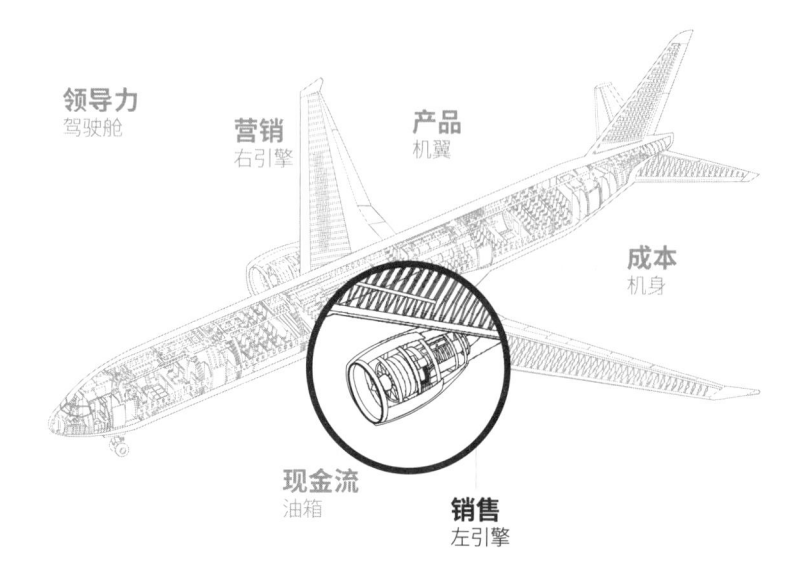

领导力 驾驶舱
营销 右引擎
产品 机翼
成本 机身
现金流 油箱
销售 左引擎

要想实现企业发展，你需要让客户成为你销售的主角。大多数销售员把关注点放在了自己的产品上。请停止这样做。要将客户带入关于产品的故事之中，这样的销售对话才能够进一步增进飞机的推力。

（4）机翼象征着你出售的产品或服务。如果你出售的产品或服务符合市场需求且有利可图，它们就可以给你的企业带来向上的升力，并支撑起整个飞机的重量。市场营销和销售提供的是推力，而机翼（即能够创造利润且符合市场需求的产品）则可以让飞机上升到空中。

领导力
驾驶舱

产品
机翼

营销
右引擎

成本
机身

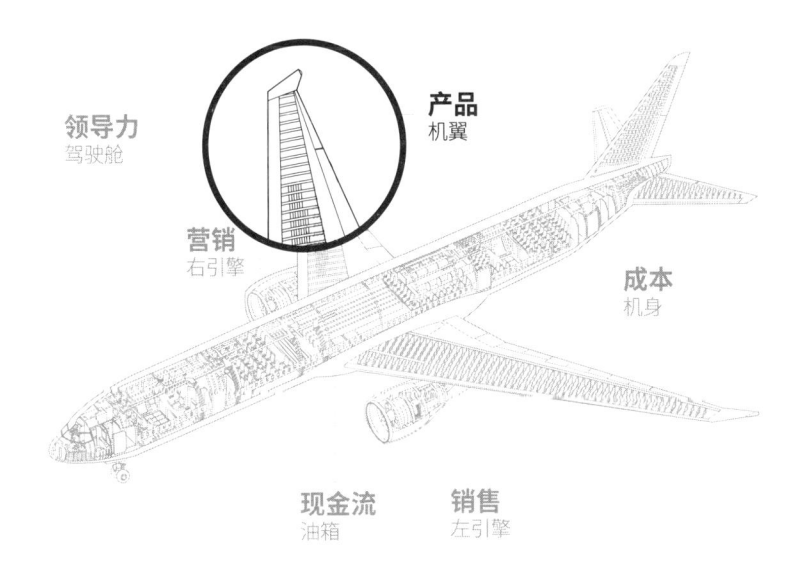

现金流
油箱

销售
左引擎

要想实现企业发展，你需要掌握产品优化之道，这样飞机才能获得最大的升力。

（5）机身象征着成本。如果你的开支失控，机身就会变得过于臃肿，飞机就有可能因此坠毁。最大的成本几乎永远都是劳动力支出。无论你是在单干还是需要养活一支小团队，你都需要执行好管理和生产操作规范，否则劳动力支出很可能会导致你的业务崩溃。

领导力 驾驶舱

营销 右引擎

产品 机翼

成本 机身

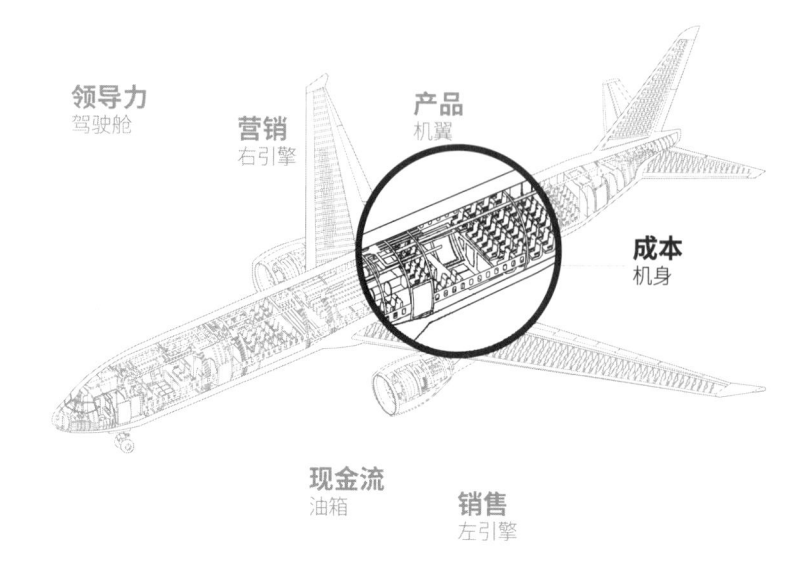

现金流 油箱

销售 左引擎

要想实现企业发展,你需要认真落实管理和生产操作规范,确保所有团队成员把精力放在整个公司的经济优先事项上。

(6)油箱象征现金流。有了燃料,能量才会被传递到飞机的各个运动部件。如果没有燃料,无论飞机设计得多么完美,都难逃坠毁的命运。燃料之于飞机,如同现金之于小企业。要做好现金流管理,唯有如此企业才能获得足够的运营资金。飞机在紧急着陆前可能需要在空中盘旋很久,企业也必须储备足以应对突发情况的资金。

领导力
驾驶舱

营销
右引擎

产品
机翼

成本
机身

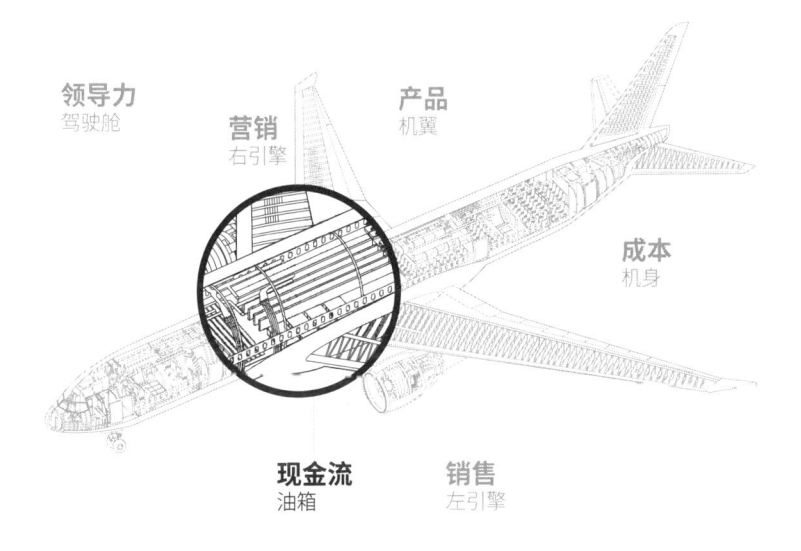

现金流
油箱

销售
左引擎

要想实现企业发展，你需要找到一种简单易用的资金管理方法。

飞机创建的决策过滤器，能让你远离焦虑

飞机的这个比喻很简单，但它帮我创建了一个决策过滤器，使我能够直观地推动业务发展。举个例子，每当我新招聘一名员工时，我都会自问，我如何能让他所创造的价值抵得上我付给他的那份工资。这一投资是会让机翼变得更长（帮助公司打造出新的产品或者收入流），是能增加飞机推力

（增加销售额），还是会让机身变得更加臃肿（增加了开支，让机身变得更加沉重，从而增加了坠机的风险）？

牢记这个比喻得以让我做出更为精明的决策，而事实也证明，这就是实现业务增长的关键。小企业的发展，无非就是要制定一个又一个精明的决策，同时也要知道在情况未达预期时该如何进行补救。有了飞机这个比喻，我就能够评估自己哪里出了问题，并且知道该从这六大关键部分中的哪一部分去着手进行改进。

自从我意识到发展业务恰如建造飞机之后，我就把这个比喻教给了其他成千上万的小企业主。结果非常振奋人心。事实上，许多小企业主在实施该框架之后，都实现了收入的倍增。如果你想让你的业务得到发展，你所需要做的就是从这飞机的六大部分入手，只要你能让这些部分有机结合起来，你就能实现迅速起飞，一日千里。

本书中所介绍的这六大步骤将助力你实现业务起步，直至你的企业拥有 50 名或更多的员工，或者实现数百万美元的收入。一旦你的业务开始腾飞，你就可能需要更多的框架和操作规范来应对更多的部门问题。例如，你拥有的员工数量越多，人力资源部门就越重要。但是，如果你现在只是刚开始创业，或者只是想把你的小企业发展到拥有数十万或数百万美元收入的规模，你就首先需要解决这六大领域的问题。

领导力 驾驶舱

营销 右引擎

产品 机翼

成本 机身

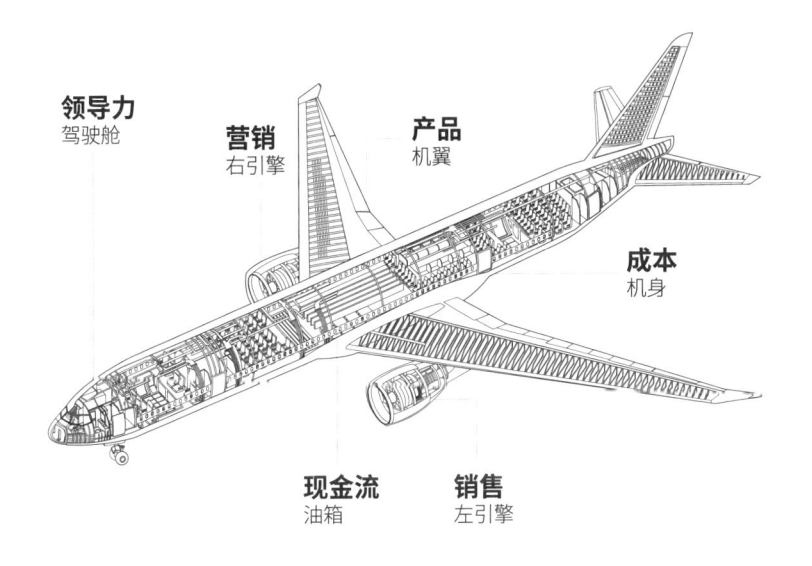

现金流 油箱

销售 左引擎

在发展过程中遵循比例法则，你的业务才不会崩溃

要想使业务安全增长，你需要让各个部分实现均衡增长。

当你的企业规模尚小时，坐在驾驶舱里的人只有你一个，而且你只需要操控一台单独的引擎。你在云中哼唱，生活无比惬意。这个单独的引擎可能是某种市场营销，它可能是一个简单的销售渠道，也可能是一些脸书广告，而如果你做得足够好的话，它也可能是用户形成的一些口碑。你的机翼可能很小，但足以让你升空。你可能只是在农贸市场、网络商店或者某个零售店里销售某种商品。你也可能是在做咨询工作，提供金融服务，做房地产销售，或者在网络上进行产品营销。不管怎么说，你现在的产品或者服务都有了买家，而且你的单螺旋桨营销引擎足以让你能实现一定额度的销售并让你从中赚取利润。你的油箱很小，但由于你的飞机本身不大，所以你有足够的燃油让你能够应对各种紧急情况。

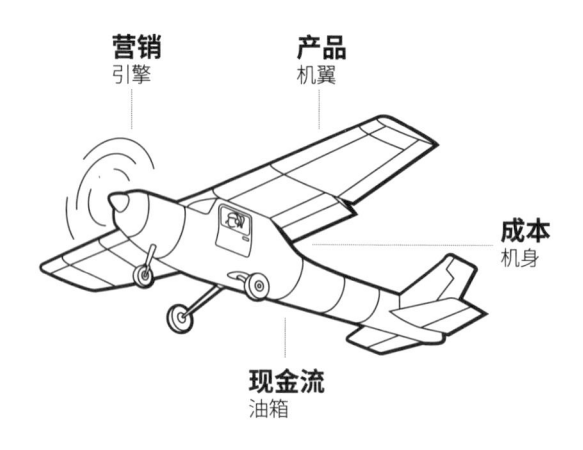

营销 引擎
产品 机翼
成本 机身
现金流 油箱

但随着你业务的不断拓展，你可能会需要帮助。为了让自己能够腾出手脚，你可能会招聘自己的第一名员工，一位私人助理。这一招聘会大大增加你的开支（即让飞机的机身变大），却没有直接增加机翼长度或引擎推力。你应该对此有些许担忧，因为雇佣成本的增加可能会影响到飞机的飞行安全。当然，考虑到一位助理的到来可以让你把更多时间投到增加机翼的长度或者引擎的推力上,这样的招聘也具有一定合理性。飞机变大了,但这不是什么大事,因为机翼和引擎也变大了。

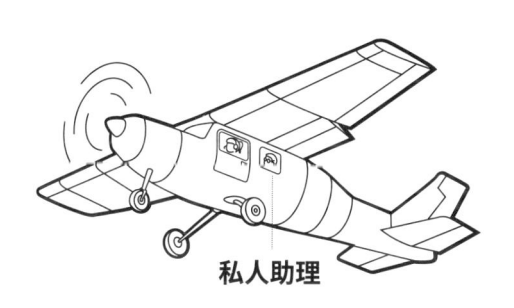

私人助理

恭喜恭喜。你已经正式展开了业务扩张。让我们继续。

现在你的开销增加了些,你的引擎也发出了更大的轰鸣声,你需要扩大油箱的尺寸了。为应对不时之需,你打算在应急账户里储备足以应对六个月日常开支的资金。在储足了六个月的运营费用之后,感觉整架飞机都变稳了,所以你开始筹划下一步的动作。

接下来,你可能会意识到,营销最好还是由自己来搞,于是你招聘了一名全职的市场营销人员。这个岗位的成本很高,但你还是觉得非常有必要,因为这位新的团队成员会带来业务的第二引擎。现在飞机上已经有了三个人:你,一位私人助理,一位市场营销总监。飞机又变大了一点,但它仍在平稳飞行。

过了一年左右，你发现有各种不同群体的客户对你的产品感兴趣。如果你能有一名销售人员，你就可以直接联系这些客户，于是为了进一步增加业务的推力，你招聘了一名销售代表。销售只拿少量的底薪，收入的主要来源是销售佣金，因此这个岗位不会过分增加企业的开支。但问题是，佣金会随着销售额的增长而增长，这意味着当飞机的实际推力增加时，飞机的机身（开支）也在变得更臃肿。

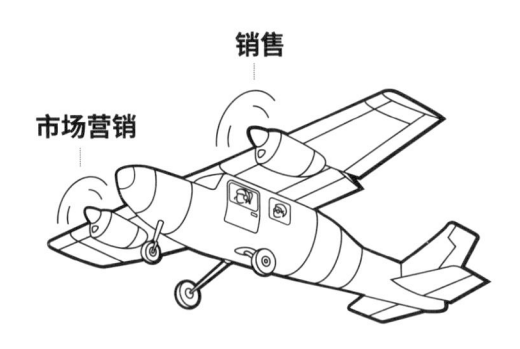

此后，你又陆续招聘和扩充了产品研发、生产、营销、销售以及行政助理等职位。由于你一直在均衡地扩展团队，并始终关注开支，因此你的业务并没有出现很大的风险。

不仅如此，你的业务也在这一过程中实现了扩张。当你在采取这六大步骤时，这些步骤本身就会推动业务增长，与此同时，它也能够帮助你管理这些增长。

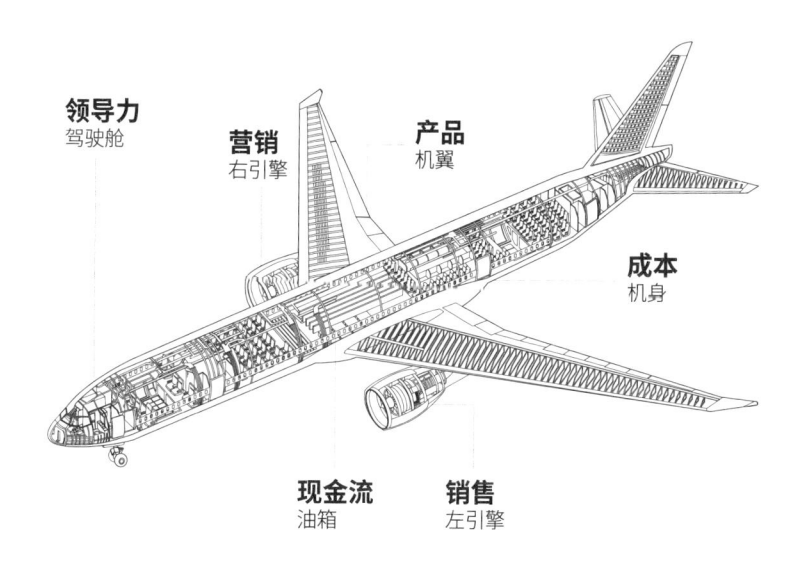

领导力 驾驶舱
营销 右引擎
产品 机翼
成本 机身
现金流 油箱
销售 左引擎

但不幸的是，多数小企业都没能成功落实上述举措。有些时候，企业主在飞机的左右引擎尚未具备支撑起额外重量之前就开始大举招聘，而在另外一些情况下，企业主又会出现招聘不及时的问题，结果降低了客户满意度，并丧失了很多潜在机遇。

大多数小企业倒闭的原因，并不在于人们不需要它们的产品，而是因为它们没能找到一个简单可行的计划来让自己发展起来。在我们没有充分理解飞机的这个图像化的比喻时，虽然我们也在"造飞机"，但我们是在用一种错误的方式造飞机。如果你造飞机的方法出现了问题，那飞机根本就不可能飞上天。当然，更糟糕的情况是，你把飞机送上了天，结果它没飞一会儿就坠毁了。

如果你或者你身边的人曾经经历过创业的失败，那么你们就可以很轻松地使用飞机这一类比来进行事后分析。请记住，企业的倒闭往往是由以下六个原因中的一个导致的：（1）团队未能围绕经济目标团结一致；（2）营销信息不明确；（3）销售对话没有实现最优销售结果；（4）产品无盈利性或没有市场需求；（5）企业开支过大；（6）现金流枯竭。

你完全可以轻松避开小企业的这六大致命缺陷。打造企业的六大步骤恰如飞机的六大组成部分，只要掌握了这些步骤，你就一定能让自己的企业实现腾飞。

谨防看似成功的不成功

可悲的是，许多企业，尤其是一些由风险投资或私募股权等外部资金支持的初创企业，往往只是表面上光鲜亮丽，但实际的经营非常失败。我们要对此种现象保持警惕。资金充裕的初创企业仍然必须遵守飞机规则，否则，它们会把投资者的钱统统亏掉。

很多初创企业的领导者，当看到银行账户上趴着几百万美元时便开始大手大脚地花钱。他们会先花钱请人给自己打造一套品牌标识。很多品牌公司的操作是让你看起来更花里胡哨，而不是想着如何帮你赚钱，结果是很多初创公司确实有了一个看起来很棒的品牌，但这样的品牌非但不能吸引客户，反而让他们感到困惑。接着这些公司又投入巨资，把它们的品牌印制在一堆不必要的小玩意儿上。这些操作让公司看起来很酷，但实际上对产品销售毫无帮助。不仅如此，企业主们还沉浸于获得巨额融资的喜悦之中，然后在城中寸土寸金的地段租下昂贵的办公室。他们把公司的标志贴在墙上，然后呼朋唤友，在办公室大搞酬宾鸡尾酒会，组织乒乓球比赛，日子过得比上大学时还惬意。

这类决策无异于在打造一架机身臃肿但机翼短小且引擎无力的飞机。他们的驾驶舱完全不像是一个研究各种数据和开飞机的地方，反而更像是一个弥漫着酒精味道的头等休息室。

如果你已经创办了一家小企业，却没有奢侈的财力支持，这对你反倒是件好事。为什么这样说？因为这会使你更能体验到决定创业成败的物理法则。风险投资和私募股权都是非常有效的融资工具，但如果领导者不够谨慎，他们就有可能在开飞机时严重迷失方向。

通过创建小企业盈利计划来打造你的业务

如果在设计飞机时忽略了物理法则,那乘坐飞机的人将成为受害者。

为了正确地设计和建造飞机,制造大型商用和公用飞机的企业会认真地核对清单。之后,当飞行员驾驶飞机时,他们同样会核对清单,地面的维护人员也是如此。正是因此,航空旅行才成为全世界最安全的交通方式之一。

但小企业自诞生之日起,就一直在业务发展方面缺少相应的清单核对、行动框架及操作规范。许多商业领导者之所以无法实现运营的专业化,是因为这是一件耗时耗力的工作。一些企业告诉我,落实一整套商业方案,要比服务客户还麻烦。这让他们感到沮丧,因为他们想的只是制造或者推广他们热爱的产品,并将其出售给目标客户,他们并没有想着如何打造一家企业。事实上,经营企业本身似乎成了他们最大的阻碍。

事情本不应当如此。

我们的业务六步法旨在帮助你像建造飞机一样打造自己的企业,它不但易于理解,而且非常便于落实。

请将本书作为你企业的飞行检查说明书,以确保你的业务能够得到最佳设计,并实现收入、利润以及客户满意度的最大化。

在本书中，每一个步骤都如同一本迷你书。请按照你自己所需的速度来实施你所需要的具体步骤。而且本书常看常新，你完全可以把它当作一本长期的参考书。事实上，你可以把这本书推荐给你的领导团队，然后让大家一起来评估你们的小企业盈利计划，以求合力实现企业业务的转变。

关键是要记住，如果你正在疲于应对各种问题，且无暇顾及产品销售和客户互动，那你现在所需的，很可能就是运营专业化。

为了能够实现对本书的物尽其用，我建议：

（1）查看本书后面所附的盈利计划。这个计划包含了落实业务六步法所需的全部模板。

（2）先认真阅读关于每一步的介绍，然后参照它稳步落实。这六大步骤中的每一步都有助于促进企业的组织管理和业务增长。

（3）持续使用盈利计划所列出的六大步骤，实现企业的安全经营和盈利经营。

只要你足够清醒，冲上云霄将指日可待。现在就让我们迈出第一步吧！

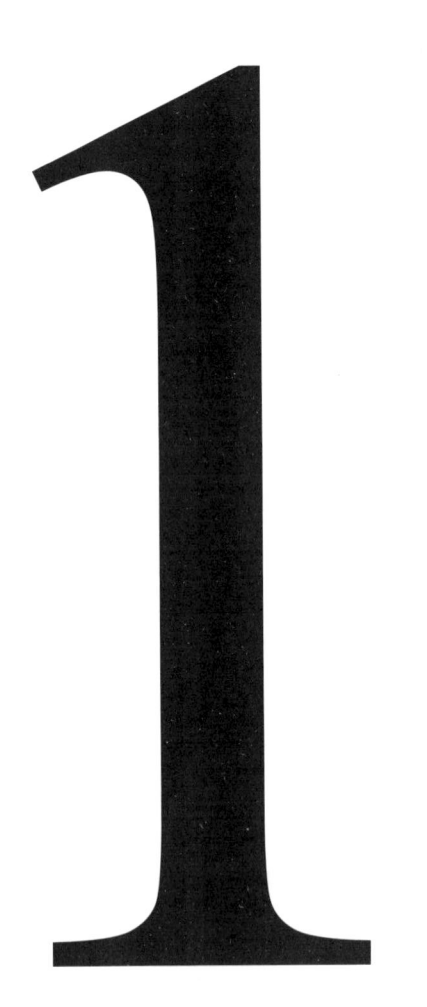

1

领导力
LEADERSHIP

STEP ONE

第一步：驾驶舱

确立你的经营使命
定义企业的主要特征
采取关键行动

步骤一将帮助你解决如下问题:

- 你常常感觉自己举棋不定。
- 你没有建立起一个让人信服的企业愿景。
- 作为领导者的你会随意变换优先事项。
- 你的团队无法牢记企业使命。
- 你靠"猜测"来确定需要雇用的人员类型。
- 所有人都很忙碌,但业务却没有增长。
- 你的团队并没有真正理解企业使命的重要性。
- 你一心扑在赚钱上,却没有制定长期规划或目标。

确立你的经营使命

领导力
驾驶舱

营销
右引擎

产品
机翼

成本
机身

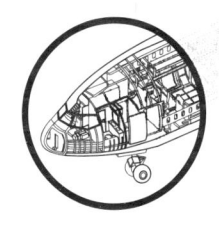

现金流
油箱

销售
左引擎

  领导者的首要任务，在于明确定义其目标，并据此逆向设计出实现该目标的方法。领导者的第二项任务，是要时刻提醒其团队成员牢记目标，并通过持续的纠错来确保成功实现目标。

  就像飞机航行一样，一次飞行能否取得成功，关键就在于其盈利计划。若没有清晰的目的地，飞行员和机组人员就无法执行其任务，实现其目标。

  在商业飞行中，飞行员每分钟都知道自己应处的位置。飞机可能偶尔会小幅偏离预定的坐标，但事先确定的飞行路线为飞行中的所有决策提供了重要参考。

开飞机如此，经营小企业同样如此。

多数小企业都会设定目标，但这些目标却不够清晰，无法使团队成员理解企业使命以及他们在其中扮演的角色。这些企业使命往往过于抽象，而企业的其他诸项指导原则，也通常很容易被人遗忘。举个例子，如果我们设定的是"通过满足客户来赢得信任"这一类目标，我们就会让整个团队陷入一个难以捉摸的情境之中，而这样的目标也因此无法转化为行动。然而，如果我们把目标设定为"在未来24个月内将辅导客户的数量增加两倍"，同时将关键行动设定为询问每个客户是否了解该辅导项目，那么整个团队就会很清楚地理解自己的工作方向。为什么？因为现在的使命变得具体了，其关键行动也得到了明确的定义。

稍后我会进一步解释如何利用企业指导原则的三个组成部分来激发行动。让人难过的是，多数小企业的企业使命都很抽象。在小企业环境中，许多团队成员（包括企业主本人）既不清楚自己该如何行动，也不确定企业本身该走向何方。

不管你是在单干还是在经营小企业，你都可以利用我在步骤一中所分享的使命宣言和指导原则框架来明确企业目标，打造出一家具有清晰使命的企业。

通过完成第一步，即成为一家有使命的企业，你将创建出一个包含了以下三大要素的指导原则包。

（1）一项包含了三大经济优先事项的**使命宣言**。

（2）每个团队成员必须具备的**主要特征**。

（3）你能够用来统一团队和定义企业文化，且可以在日常工作中采用的**关键行动**。

等你完成了第一步，你就可以把你企业的使命宣言及指导原则写在一张纸上，这样方便你时时回顾。你可以在后面的小企业盈利计划中找到这张纸。此外，我们还在SmallBusinessFlightPlan.com 网站上提供了其数字版本。一旦你知道了你的业务方向，对实现目标的过程进行设计也就变成了一件自然而然的事情。

如果你是在单干，那么我建议你多花几天时间来完成第一步。你需要对指导原则中的每个要素深思熟虑，所以千万不要着急。如果你有一个团队，那么可以用 8~10 小时的时间来完成指导原则的共创。你们可以通过安排几次会议或者花一整天时间来完成这件事。事实上，许多团队都会通过安排场外活动或者团建等方式来完成指导原则的共创。

本章将向你介绍指导原则的三大要素，并手把手地教你如何完成其创建。

你用于落实第一步的使命宣言及指导原则表大致如下所示：

打造有使命的企业
指导原则表

使命宣言

主要特征

① ② ③

关键行动

① ② ③

Business Made Simple

请通过阅读本章剩余的部分来理解指导原则表的三大组成部分。一旦你在本书后面的小企业盈利计划中完成该表，你的企业将紧紧围绕三大经济优先事项展开业务，你也将知道该招聘哪类员工,你还将通过创建三大关键行动来进一步确保业务的成功。

打造有使命的企业,第一部分:你的使命宣言

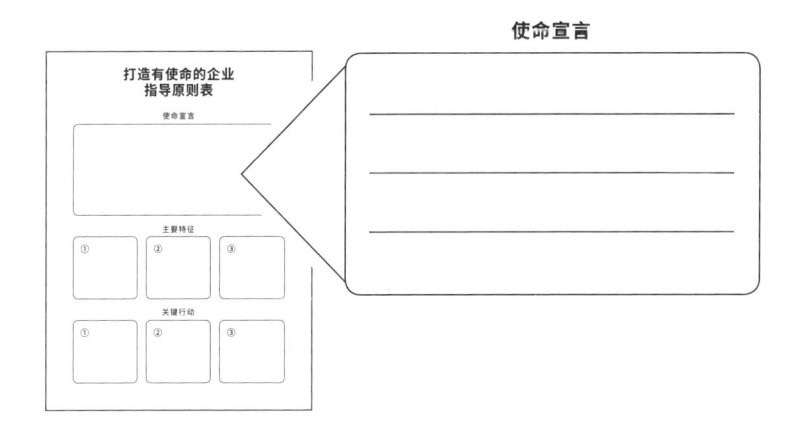

大多数企业的使命宣言不及格,主要是由以下三个原因导致的:

(1)未设定具体的经济目标。

(2)未设定最后期限。

(3)未能回答"为什么"。

一旦你在企业使命中加入了以上三要素，你就可以成功地将你以及整个团队带入一个有意义的故事之中。

为什么要将你以及整个团队带入故事之中？因为每个人都希望在一个有意义的故事中扮演有意义的角色。当你运用我们的公式成功创建出一项使命宣言时，你不仅赋予团队一项使命，而且让他们变成了一个故事中的重要组成部分。在故事之中，他们所扮演角色的重要性要远超他们自己的重要性。这反过来会提振团队士气，提升效率，促进招聘以及改善员工留存。人人都想为一家肩负使命的企业工作。

大多数企业的使命都不太好记并最终被人遗忘

大多数企业的使命宣言都只是个摆设。

"我们的存在是为了以诚信和卓越服务客户，增加利益相关者的价值，并通过这种方式……"诸如此类的企业使命宣言简直不计其数。

这类使命宣言只是宣言，却遗失了"使命"这一关键要素。

如何清晰地展示一项具有吸引力的使命，这是关系到企业生死的一件大事。

如果你是在给士兵分配任务，你不觉得有必要把话说得更清楚些吗？光是说"在某些时候，我们将通过消除社会中的危险叛乱分子来服务于共同利益，以便每个人都可以获得自由"这种话是不明确的，它不足以激发士兵为实现目标而展开必要的具体行动。而"我们的任务是从四面和空中出击并封锁叛乱者的住所，以拯救人质并控制该地区"这个说法就具体得多，并且足以激发团队制订正确计划，落实为实现既定目标而采取的一系列行动。

同样的道理，交响乐的指挥也不能光是呼吁乐团要"进行出色的演奏"。他得明确地告诉大家接下来要演奏霍尔斯特的《行星组曲》，否则整个表演根本无法正常进行。

具体的使命宣言能激发行动，含糊的使命宣言只会引发混乱。

要是你的团队被令人困惑的企业使命搞得晕头转向，会出现什么结果？如果你总是在年会演讲中振臂高呼"卓越前行"这种让人摸不着头脑的话，那么散会以后，团队中的成员就只能各干各的，"卓越"地演奏出各种互不相干的乐曲。

用故事循环来激发团队

如果我们想要团队紧密围绕企业使命行事，我们需要在他们的头脑中开启一个**故事循环**，而且只要使命未达，这个故事循环就绝对不能关闭。模糊的使命宣言还有另外一个问题，那就是它们会导致故事循环无法开启。当你在讲述故事时，听者通常都会非常入迷，迫切地想要知道故事的主人公是否能够成功拆除炸弹，或者有情人是否能够终成眷属。在故事完结之前，他们会一直保持某种轻微的不安感，并且乐在其中，而这也使得他们会一直保持对故事的专注，直到看到故事的结局，他们才会平静如初。这种不适是一种轻微的认知失调。

所以故事就像是一幅拼图。当我们的大脑感知到混乱时，我们便会希望把事情理顺，而当一切恢复秩序时，我们会体验到一种如释重负的感觉。

我们将这种结束故事循环的渴望称为**叙事牵引力**。叙事牵引力是我们开始对故事感兴趣的那一个节点，它对我们的业务有着重要影响。这是因为，当我们的使命宣言创造出叙事牵引力时，整个团队就会想着努力结束这一故事循环，企业团队的一致性和效率就会因此得到提升。

当将军告诉他的士兵，他们将从四面及空中封锁叛乱者的住所时，整个队伍就会开始发挥其想象力，他们会根据目标逆向设计出一套能够实现封锁计划的执行方案，而这也得以使他们在脑海中关闭故事循环，他们的认知失调也因此会得到缓解。然而，如果我们的目标模糊不清，我们就永远不能规划出一套行动方案，因为我们的团队想象不出整个故事会如何收场。这就是"我们的存在是为了以诚信和卓越服务客户"这类说辞根本无法激发行动的原因。这就相当于是在跟士兵说他们的使命是要"与人为善，为善而战"。但问题是：怎么才叫与人为善？敌人到底是谁？打仗的目的又是什么？

使命要具体

如果你打算写一个电影剧本，故事循环是一个绅士在寻求诸如"全面卓越"这样模糊的东西，那么观众恐怕很难理解这到底是什么意思，故事循环也就无法开启。然而，如果你的故事主角的目标是"打破 100 米短跑的世界纪录"，那么观众脑海中的故事循环就会被打开，整个故事就会具有叙事牵引力。我们的主人公会打破纪录吗？让我们持续关注，直至揭开谜底。

若是你创建了一项使命宣言，开启了一个足够清晰的故事循环，并使得你和团队都感受到了一股激发行动的集体叙事牵引力，那么你的企业会发生何种变化？

这正是你落实六步法的第一步，即打造一家具有使命的企业时会发生的事。

我们需要创建出一项能够激发叙事牵引力的使命宣言，

而这样的宣言应包括如下几部分内容：三个经济目标，一个最后期限，以及一项能证明使命重要性的明确原因。

这个"打造有使命的企业"的公式是由一个非常具体的目的地坐标，一个最后期限以及一个解释"为什么"的原因共同构成的。

一项卓有成效的使命宣言需包含三大要素

要想让企业使命真正有效，我们首先要做的就是确定核心销售指标。这些核心销售指标乃是确保业务取得成功的关键。

你的企业使命宣言应当包含三项经济目标。如果团队中的每个人都能清楚地理解企业的前进方向，且最终目标可量化，那我们可以说，你已经清晰地陈述了企业使命。我在这里说的量化，是指这些目标如果能够以数字来呈现，则可以更好地被理解和掌握。

但如果大家在读了你的使命宣言之后倍感困惑，甚至满脑子问号（由于害怕被别人嘲笑，他们并不会公开质疑），那就说明你的使命宣言表达不清晰，也无法激发你团队的斗志。

通过提出各种数字化的目标，比如说"我们要把客户留存率提升一倍"或"我们要推动收入增长 35%，并使利润增长 12%"，或者更具体一点，比如说"我们要销售 X 数量的 Y 产品"等，我们就设立了一个衡量标准，而通过这个标准，我们能够知道自己是否完成了使命。要想开启一个能够让众人都想竭力去终结的故事循环，我们的企业使命就必须具备这种可衡量的明确性。

稍后我会详细介绍你应该设置的三项经济目标。现在，我们先来看一下创造叙事牵引力所需的第二个要素。

第二个要素是，你的使命宣言必须设置一个最后期限。你在给某个人布置重要任务的同时，必须给他设置一个完成任务的最后期限。你绝对不会在没有商定好预算和完成时间的情况下就找承包商来帮你盖房子，对吧？任务太重要了。你的企业使命不就是一项重要任务吗？当然是。

大多数企业使命宣言没有包含最后期限的第一个原因，或许是在领导者看来，一项使命宣言应该具有长期的有效性。这是关于创设企业使命的最糟糕想法之一。你觉得一支运动队会给自己设立一个"在未来一千年内赢得冠军"的使命吗？这样的使命毫无价值，因为它并没有设置一个能够产生紧迫感的截止日期。

你可以每隔几年就对你的企业使命进行一次更新（而且

你理应如此），因为使命注定会失效的。凡是无终结日期的使命都无法激发行动。

人们不给自己的使命设定最后期限的第二个原因是，他们不想面对必须完成（或无法完成）任务所带来的那种不适感。你的使命宣言越模糊，你就越难知道自己是否完成了使命。

但显而易见，这样的使命宣言违背了初衷。一项好的使命宣言应当具备现实的目标和任务完成期限，而不应该是一个模糊的目标和一个可以让你躲藏在背后的开放式时间表。

创造叙事牵引力所需的第三个要素是，你的使命宣言应当清晰地阐述出该使命之所以重要的"原因"。要想让你和你的团队能够全情投入企业使命之中，你的使命宣言中就必须包含一个"为什么"或者"因为"。

激励人的不单单是金钱，也不只是取胜和成功。事实上，数字和财务目标固然易于衡量，但有时也会让人产生不适感。我们需要用经济指标来衡量团队的进度，但你所讲述的企业使命故事必须要超越经济和数字本身。

人类是一种复杂的生物。我们都想做一些有意义的事情。我们都想让自己的人生与众不同。我们固然可以通过自私的举动来赚取更多的金钱，但我相信，阅读本书的所有人都志在创办一家能够真正服务客户的企业，并且愿意为此做出个人牺牲。

那么，我们如何在使命宣言中加入一个"因为"呢？我们一定要在使命中提到的是，我们可以通过自己的产品或服务为客户带去何种体验以及变化。

举个例子，如果你身处房产中介行业，并打算今年卖出100套房子，那么你的使命宣言可以用如下方式结尾："……因为每个人都应该拥有一套真正属于自己的房子。"

这一表达也显示出了你工作的重要性。一个房地产经纪人的工作之所以有价值，是因为他可以通过帮客户找到心爱的房子来提升客户的生活质量。帮助他人找到合适的房子是一项有意义的工作。当地产经纪商将这个"为什么"包含在其使命宣言中时，它就能够激励自己以及团队多干活、干好活。

同样，如果你开的是一家牙科诊所，你就可以在使命宣言里写上"因为当人们爱上自己的微笑时，他们会更加热爱自我、热爱生命"这一类的话。

在使命宣言的结尾加上一个"因为"，有助于所有参与者更好地理解该使命的重要性。

用三要素创建一条故事线

员工参与度是所有企业面临的最大挑战之一。我们如何使人才全身心地投入工作中？我们如何吸引和留住顶尖人才？

同样，让你和团队充分参与到工作之中的最好方法，就是围绕企业使命打造叙事牵引力。当你的使命宣言提出了一个引人入胜的问题，并让你迫不及待地想知道会发生什么时，叙事牵引力就会产生。我们会超越我们的竞争对手吗？我们会创造新的收入来源吗？我们能够将产品X的销量翻一番吗？

你的新使命宣言会定义这个故事，并吸引所有人参与其中。

一个行之有效的使命宣言公式

一个包含了创造叙事牵引力必备三要素的最佳使命宣言公式应当具有如下形式：

我们将在Y之前实现X，因为Z。

当你使用这一公式来创建使命宣言时，你既为企业创建了有效的经济坐标，又设置了一个能够增加紧迫感的实际最后期限，同时也明确了该工作具有重要性的理由。这三要素将有效地将你和团队带入一个充满激励性的故事之中。

现在我们有了一个可行的使命宣言创建公式，接下来，让我们根据这一公式，一步一步来创建使命宣言。

使命宣言第一部分：确定三大财务优先事项

一旦我们摆脱开那些我们喜欢在使命宣言中使用的空洞语言，转而创建出可以用于决策的具体坐标，飞机上的所有人就会知道我们的前行方向，进而倒推出实现目标所需要完成的各项工作。

那么，我们应当优先设置哪些目标？

要想打造可靠的企业，我们应当优先考虑设置经济目标。一家企业如果不能创造收入并盈利，则必将陷入停滞并最终倒闭。如果企业倒闭，使命就无法完成，客户的问题就无法解决，整个团队就会失业。

必须避免出现这种灾难性的后果。

极少企业的使命宣言中会包含经济目标。我认为这是一个错误。企业存在的目的就是在为客户创造价值的同时为自己创造利润。这没有什么好藏着掖着的。

一些小企业经常会觉得，只要服务好客户，自然就能赚到钱。遗憾的是，事实并非如此。企业必须同时关注客户需求和自身的盈利情况。商业法则就像物理法则一样，都有其不变的规律。机组人员对乘客的服务再好，耗尽燃油的飞机也还是会坠毁，整个故事仍将以悲剧收场。

你不能为了钱而活着，但没了钱你肯定就活不了。在我们的使命宣言中确定在财务方面的优先事项，将为我们飞机的安全飞行设定明确的目标。要始终牢记，企业的成败决定了你和团队的生死，所以一定要把业务搞好。

要让你的业务始终立足于经济现实。并非所有的团队成员都一心向"钱"。有些团队成员可能根本不考虑赚钱的事儿，他们只是想通过向客户提供产品来收获满足感。但不幸的是，这正是导致飞机坠毁的罪魁祸首。这类员工之所以有这样的想法，是因为他们并不是企业的所有者。这不是他们的飞机，而是你的飞机。如果他们撞毁了你的飞机，他们还可以去别人的飞机上工作，然后接着把另一家企业搞砸。但讽刺的是，这些"不为金钱所动"的团队成员仍然期望领到薪水。

绝对不能让"我们不在乎钱"这种心态主导我们的小企业。事实上，关心客户和关心利润不是非此即彼的关系。

再说一遍，在任何时候，都要让你的业务立足于经济现实之上。

你和你的团队都应该公开谈论经济优先事项

在使命宣言中包含三个经济优先事项的主要原因是为了使财务问题对话规范化。如果你和团队能够将关于金钱的讨论规范化，你和整个团队将会赚到更多的钱。我敢保证。

在与领导层进行对话时，你应该始终提出并回答如下问题：

- 我们的营收情况如何？
- 我们的利润情况如何？
- 我们本月或本季度的财务目标是什么？
- 我们是否实现了目标？为什么？
- 公司可以做哪些改进？我们是否应更改使命宣言中的经济优先事项？
- 那些未列入使命宣言的经济目标表现如何？

为什么使命宣言中只应该包含三个经济优先事项？

你的小企业可能设有数项经济目标。你可能想要达到一定水平的销售量，保持一定水平的利润率，或者想要使营收增加X。事实上,你应该设置数十项经济目标。尽管如此,我们只应在使命宣言中包含三个经济目标,这是因为我们的人脑很难一次优先考虑三个以上的目标。有句老话说得好,事事优先就是事事不优先。

无论如何,对于大多数企业而言,决定其成功与否的经济因素通常不超过三个。你肯定要考虑更多的经济目标,但就使命宣言来说,你应该只考虑其中的三个。

如果你拥有一家零售商店,销售数百种产品,那么你可以考虑分批分类设置经济优先事项。例如,如果你们把"每天销售35袋狗粮"作为优先事项,那么这说明你们现在非常重视推动狗粮销售的整体增长。你们可能会销售20种不同品牌的狗粮,但由于你已经将狗粮销售归为一个类别,所以你的团队就可以把完成狗粮销售目标作为你们的主要任务。如果你们现在尚未达成这一目标,那么你的团队可以在商店过道末端设置一个货架,专门促销狗粮,或者你们可以通过向养狗的客户发送电子邮件来推销狗粮。

你会发现,通过在使命中明确三个财务优先事项,你和团队开启了一个你们不得不关注的故事循环。换句话说,在使命宣言中包含财务优先事项将使得你的企业使命集中于经济现实之上,这将确保你的业务安全,并推动企业的成长。

除了设置销售目标，你还可以在使命宣言中列举一些能够促进销售增长的领先指标，例如"X数量的应用程序"或"对我们的推广感兴趣并进入我们销售渠道的X数量的电子邮件地址"等。虽然这些不是直接的财务目标，但它们确实会带来销售，所以它们几乎和财务目标一样有价值。例如，以促进销售为目的的网络研讨会、开放日和主题演讲等都有可能带来一定的销售增长。

我们应该将使命宣言中的财务优先事项置于何处？当然是最前面的位置。

所以你的使命宣言的第一部分应该这么写：我们要实现X目标。这里的X，指的就是三个经济优先事项。

例如：我们要销售100的X，300的Y，50的Z。

或者：我们要帮助42位客户出售房屋，帮助53位客户购买新房，并举办18次看房日活动。

就是这么简单。你要做的无非就是确定有助于推动业务发展的三个财务目标，然后将其纳入你的使命宣言之中。

为了充分发挥使命宣言的作用，你所确定的三个经济优先事项应具有以下特征：

- 具体且可衡量。
- 能够推动公司收入增长。

- 能够推动公司利润增长。

订阅数能否增长 20% 并因此推高收入和利润？如果答案为"是"，说明这是一项可衡量的统计数据，你可以将其包含在使命宣言之中。

假设你经营着一家餐厅，你希望借助你们制作的美味甜点来提高餐厅的知名度。这个想法很好，但不要把使命宣言写成"我们要成为一家以甜点而闻名的餐厅"，而要说"我们每个晚餐时段要售出 47 份甜点"。一个具体的经济目标会促使你和团队行动起来，为实现目标而奋斗。如果你们每晚平均只售出了 20 份甜点，那么你的团队可以通过挨桌询问食客是否想要来份甜点来促进销售，或者他们可以打印一份单独的甜点菜单，然后在食客吃完正餐后把这份菜单送到他们眼前。还是那句话，如果你能够将经济优先事项纳入你的使命宣言，你和团队就会开始寻找实现这些目标的方法。但如果你把使命宣言写得很模糊，它就无法激发团队在业务拓展方面的创造力。

为什么要使这三个经济优先事项可衡量？

使命宣言中的三个经济优先事项必须是可衡量的，这一点非常重要，因为你必须能够清晰地判断出你们是否已经实现了企业使命。如果你的企业使命是让客户满意，这确实挺不错，但也非常抽象。因为"让客户满意"是一个非常难以衡量的指标。所以不要说你的目标是"让客户满意"，而要说你希望"在未来24个月内会有250名回头客"。以一种可量化的方式来阐述经济优先事项，能够让你成功地实现和落实方案并达成目标。即便最终未能达成目标，你也不用忧虑：找出你未能达标的原因，调整你的方案，延长最后期限，再接再厉。

一旦你为企业确定了三大关键优先事项，你就能够有更多的资金来支付员工的工资和福利，你企业账户上的剩余利润也会越来越多。你会有更充足的财力进行后续投资，你的个人财富也会日益增长。

你打算如何设置企业使命宣言中的这三大关键优先事项？

以下是一些可供参考的例子：

一家啤酒厂：在……之前，我们将把啤酒的分销范围扩展到75家餐厅、4家连锁超市和27家酒吧。

一家杂志社：在……内，我们将把订户数增加到2.2万人，使广告商数量增长40%，并将客户的平均广告投资额提高到2.2万美元。

一家咨询公司：在……之前，我们将获取 30 个新客户，签订 5 项新的长期服务合同，并获得 98% 的客户满意度。

头脑风暴出你的三个经济优先事项

运用以下格式写出你们使命宣言的第一部分：

我们要实现 _____。

一旦你确定了企业使命宣言，你就可以将其添加到本书后面的小企业盈利计划中。

要实时更新使命宣言

大多数大型企业都无法做到实时更新其使命宣言，但你经营的不是大型企业。你应当每隔几年就更新一下自己企业的使命宣言。

使命宣言不是不可更改的法律文件；它的作用在于创造叙事牵引力以及激发行动，这样你和团队就不会迷失方向。如果你的三个经济优先事项没能起到清晰和聚焦的作用，那你就需要更新你的使命宣言。这不是什么难事，你只需召集团队，然后商议一下哪些方面需要做出改变。以我自己为例，我们在成功确定增长目标之前，曾经多次改变我们的三大经济优先事项。此外，我们的最后期限很少会超过 18 个月，所以我们的使命宣言也会至少每 18 个月进行一次更新和调整。

在什么情况下你应该调整使命宣言？答案很简单。若出现以下两种情况，就说明你需要调整使命宣言了：(1) 当你完成全部或部分使命时；(2) 当你意识到你的使命宣言没有起到激励作用时。你应该持续调整使命宣言，直至其能真正激发团队，之后你则应当让其持续发挥作用。

优先事项既是你的目标，也有助于你制订行动计划。现在整个团队已经清楚了经济优先事项，接下来我们会讨论这些优先事项将如何强化你使命的紧迫性。

使命宣言第二部分：为使命宣言中的财务优先事项设置最后期限

为了让故事更加有趣，故事讲述者或者编剧都会为故事增加一个截止日期。男主角想迎娶自己心爱的女人，这还算得上是一个故事，但如果这个女人需要在不到一周的时间里嫁给主人公的浑蛋兄弟，那这个故事就会变得更精彩！当故事含有一个最后期限时，它会变得更加有趣。

实际上，史上最受欢迎的电视剧集之一，就是一个基于 24 小时倒计时展开的惊悚故事。① 在剧中，由基弗·萨瑟兰饰演的反恐特警人员必须在零点到来之前粉碎坏人的阴谋。每周会有数以百万计观众坐在电视机前收看该剧。

一个嘀嗒作响的时钟会产生奇妙的功效，那就是它能够增加你及团队的工作紧张度，促进你们完成财务目标。

在确定了你的三个财务目标之后，你需要为这些目标设置一个最后期限。这就是你使命宣言中的第二部分。

在设置了最后期限后，你的使命宣言会变成如下格式：

我们要在＿＿＿＿＿＿之前，实现＿＿＿＿＿＿、＿＿＿＿＿＿和＿＿＿＿＿＿。

你应当为你的三大经济目标设置同一个最后期限。如此一来，你就可以同时完成使命宣言中的所有目标，然后设置新的使命，并借此来激发新的增长。

很少有企业会在使命宣言中设置最后期限，而这恰恰是大多数使命宣言都会变成一纸空文的另一个原因。

最后期限能够使人们认识到一个项目的紧迫性。该产品必须在 12 个月内上架。这些债务必须在 3 年内还清。新员工必须在 90 天内入职。

---

① 这里指的是美剧《24 小时》。——译者注

这就引出了一个新的问题：一旦触及最后期限，我们又该怎么办？这是一个好问题。答案是，你要么从失败中吸取教训，要么开心地庆祝使命的完成。之后你需要更新自己的使命宣言，以使其更符合企业现状。

我们应该给自己多少时间来完成使命？

比较理想的做法是将最后期限设置在一到两年内，并在到期后更新经济目标。如果你在使命宣言中设置的最后期限超过了两年，你可能会失去紧迫感。

人们往往会把未来视为一种和自己毫不相干的东西。人们或许会思考未来，但他们只是活在当下，且通常只关心他们今天或者明天的感受，而不怎么关心更遥远的未来。

所以将最后期限设置为一到两年是最合适的，因为如果时间拉得过长，它的重要性就会大大降低。

以下是几个设置最后期限的例子：

一家啤酒厂：在本财年结束之前，我们将把啤酒的分销范围扩展到75家餐厅、4家连锁超市和27家酒吧。

一家杂志社：在两年内，我们将把订户数增加到2.2万人，使广告商数量增长40%，并将客户的平均广告投资额提高到 2.2 万美元。

一家咨询公司：在 12 月 31 日前，我们将获取 30 个新客户，签订 5 项新的长期服务合同，并获得 98% 的客户满意度。

拿出时间，为你的三大经济目标设置一个最后期限。你可以单独决定这一期限，也可以和团队讨论。一旦确定了最后期限，你就可以将其添加至你的使命宣言中。

在确定了三大财务目标并设定了最后期限之后，你还需要在使命宣言中阐释设置这些目标的重要意义，也就是要回答"为什么"这个问题。

使命宣言第三部分：阐释使命的重要性

像"到今年年底，我们将为 300 多个家庭修剪草坪"这样的使命宣言其实是不完整的，若想让它变得更具意义，你就需要在它的后面加上类似这样的解释："因为每个人回到家时，都应该看到一片令其赏心悦目的草坪。"

虽然只是简单的增加一个"因为"，但它能够给你和团队带来一个很大的推动力。它促使你们为完成使命而持续努力，同时也是在提醒你们不要忘记创业的初衷。事实上，这个"因为"的部分才是真正的企业使命。没有了这个"因为"，你所拥有的只是一个或一些目标，而这些目标本身并不能激励业务的扩张和增长。一项使命要比一个目标重要得多。当我们立志要克服千难万险提升客户生活质量时，我们便有了使命。

以下两项内容能够将你在使命宣言中的目标转化为使命：

（1）对于更美好世界的愿景：具体说明你使命的完成将如何让这个世界变得更好。人们会看到什么？他们会感受到什么？

（2）对不公正的反击：告诉大家你使命的完成将如何减少人们所经历的苦痛。什么破碎之物会被你们修复如初？

当你增加了一个"因为"时，你的使命就具有了意义，你和团队就会因为这项事业而充满干劲儿。

以下是几个例子：

一家啤酒厂：在本财年结束之前，我们将把啤酒的分销范围扩展到 75 家餐厅、4 家连锁超市和 27 家酒吧，因为每个人都有权喝到他们最喜爱的新鲜啤酒。

一家杂志社：在两年内，我们将把订户数增加到 2.2 万人，使广告商数量增长 40%，并将客户的平均广告投资额提高到 2.2 万美元，因为好的新闻报道可以拯救这个国家。

一家咨询公司：在 12 月 31 日前，我们将获取 30 个新客户，签订 5 项新的长期服务合同，并获得 98% 的客户满意度，因为每个人都应当在企业发展方面得到他们所需要的帮助。

你的"因为"是什么？是什么原因让你有了现在的企业使命？为你的行动找出充足的理由，并用其完善你的使命宣言，这样你和团队就有了前进的动力和方向。

将三部分合为一体，创建出完美的使命宣言

再重复一遍，使命宣言中应当包含三大经济优先事项，设置一个最后期限，并需清晰阐述使命重要的理由。只要你依照此方法创建使命宣言，你的整个团队就会了解他们的前

进方向，以及他们工作的重要性。

完善使命宣言需要时间，不能一蹴而就。你可以先把它写下来，然后再不断对其改进。为了让使命宣言能够产生叙事牵引力，你也可以向团队求助，然后你们一起来确定优先事项、最后期限以及能够解释使命重要性的理由。

要记住，创建使命宣言绝不是在复选框里打钩，也不是在纸上写下一堆空洞的文字。创建使命宣言，关键在于你和团队要通力合作，以共同融入一个对所有人都充满吸引力的故事之中。

所有的故事讲述者都会不断打磨情节，以使故事更加引人入胜。在创建使命宣言时，你也应遵循同样的原则。

一旦最终确定了使命宣言，你就需要让这一使命充分地融入你和所有使命践行者的心中。

确定使命宣言之后，你该做些什么？

领导者在使命宣言上犯的另一个错误是，他们在确定并公开强调几次使命宣言后，就将其束之高阁。他们能把使命宣言放在网站的某个不起眼角落或放在专门发给新员工的人力资源规范中，就已经算是很不错了。

如果你和团队记不住使命宣言,你们自然也不可能牢记企业的使命。

一旦确定了使命宣言,你就应当马上开展一轮关于使命宣言的宣讲推广活动,以帮助团队成员能够真正落实使命宣言中规定的内容。我们都知道,只有不断地重复才能使我们牢记某些内容。

有四种方法可以帮助你的团队牢记使命:

(1)召开全员大会,公开宣读使命宣言。

(2)以月度或季度为基础对那些能够推进使命的团队成员进行表彰,并通过宣传其事迹进一步使企业使命深入人心。

(3)要求待入职雇员认真阅读使命宣言,并就其重要性撰写个人体会。

(4)把使命宣言张贴到办公室的墙壁上,并根据使命的变化情况对其进行更新,更新过程要具有一定仪式感,以凸显使命的重要性。

这里再强调一次,关键是要把你的使命宣言视为一个故事情节的主线,并利用一切机会来向团队宣讲这一故事。

一旦你确定了企业的使命宣言，你就已经完成了 1/3 的指导原则创建。这些指导原则将成为你公司的基石。

打造有使命的企业
指导原则表

使命宣言

主要特征

① ② ③

关键行动

① ② ③

Business Made Simple

1 领导力 033

接下来我们将讨论的是，为了实现企业使命，你需要招聘什么样的人，你需要让员工变成什么样的人。我们将定义你企业的主要特征。

一旦完成了你的使命宣言，你就可以将其添加到你的小企业盈利计划指导原则表中。

定义企业的主要特征

你所喜欢的几乎所有故事都具有一个共同特征,那就是这些故事中的角色通常都有所诉求,而且需要历经磨难方能实现自己的诉求。然而,在这样的故事中,真正吸引我们的并不是主人公最终如愿以偿,而是他们在追求目标的过程中实现了自我蜕变。

人类喜欢观察他人的蜕变。事实上,那些实现自我蜕变的人总是能够成功地吸引我们。无论我们看的是关于减脂塑形的电视真人秀还是讲述一个孤儿变总统的纪录片,我们总是能够被"我们也能够实现蜕变"的精神所激励和鼓舞。

人类是一种活跃且易变的生物。我们越积极地投入生活,我们所能学习到的就越多,成长和改变也就越多。

但人类是如何实现蜕变的呢?他们为什么要蜕变?是什么导致了蜕变?

当人有所诉求,且只有成为一个更好的自己才能实现这一诉求时,人就会发生蜕变。无论是为了改善夫妻关系而意识到需要去看心理咨询师,还是为了完成攀登高山这一壮举而开始进行体能训练,当我们全身心投入一件超出我们现有能力的事情时,我们就会发生改变。

事实上，当你确定了你的使命宣言时，你不仅仅是在将你和他人带入一个故事当中，你还是在促动自己及他人转变为能够完成这一使命的人。

事实上，顶尖人才最渴望的就是为一家能帮助他们蜕变为高价值专业人士的企业工作。如果你的使命宣言充满抱负，他们也会从你的业务中看到机会。你和你的团队都必须具备某些特征，方能够实现企业的使命。在你的一揽子指导原则中，这些特征被称为主要特征。

如果你愿意，你可以把你的主要特征视为核心价值观，但对我来说，主要特征是一种比核心价值观更为准确的描述。核心价值观固然伟大，但"诚信"之类的词语往往过于模糊，难以实现。此外，诚信还是人的一种基本核心价值观。如果你连诚信都没有，你很可能会锒铛入狱。主要特征这个说法则更为具体，它指的是为你的公司工作所必需的一组特定技能或个性特征。

例如，如果你是一名软件工程师，你需要的可能是那些痴迷于简化用户界面的团队成员。如果你是一名宠物店老板，你肯定希望你的团队成员热爱小动物。

通过将核心价值观转变为更具象的主要特征，你能够更清楚地了解自己需要发展何种特征，以及应当招聘具有何种特征的新员工。

打造有使命的企业
指导原则表

使命宣言

主要特征

① ② ③

关键行动

① ② ③

Business Made Simple

如果你问一名潜在员工他是否诚信,每个人都会说"当然"。如果你问到宠物店工作的应聘者是否热爱动物,他们显然也会做出同样的回答。但如果你问潜在员工,他们曾经做过哪些能证明自己热爱动物的事情，你就更有可能知道自己是否找到了合适的候选人。

在确定你的主要特征时，应当问自己如下三个问题：

（1）为了创造（或销售）用于解决客户问题的产品，我们每个人都需要具备哪些具体特征？

（2）我们应当具备哪些特征，以应对各种不可避免的挑战？

（3）为了创造出安全且鼓舞人心的文化，我们需要具备哪些特征？

当你定义好了完成使命所需的主要特征之时，你也确定了你应当转变为何种类型的人，以及你需要招聘何种类型的人。

我们应当列举多少项主要特征？

为了实现企业使命，你和你的团队成员可能需要具备一定的性格特征。事实上，不同的部门可能需要具备不同的主要特征。

但为了简化我们的指导原则，我们建议你只列举三项主要特征。这三项特征需要足够具体，能够用于指导你的招聘决

策,但同时也应当足够普遍化,能够适用于你组织中的每个人。举个例子,一家本地餐馆提出了如下三项主要特征:

(1)我们热爱顾客且乐于服务顾客;
(2)我们专注于提供美食;
(3)我们有着很强的抗压能力。

请注意这些主要特征的具体程度。这家餐厅并没有说"我们是以顾客为导向"这样的话。他们说的是"我们热爱顾客且乐于服务顾客"。因为他们准确地定义了与客户互动时应采取的态度,所以他们的团队成员都知道应该如何行事。任何人都可以保持乐观,但仍可能会招致别人的反感,但如果我们"在与人交往时保持积极的态度",我们就很难会让别人反感。

同样,如果我们专注于提供美食,那么团队的每个成员都会知道要确保食材的新鲜,食物要及时送上餐桌,任何看上去有问题的菜肴都要送回厨师那里进行检查。为什么?因为如果我们专注于提供美食,我们就会时刻保持学习姿态,保持成长,努力发掘让食物更加美味的新方法。

最后,如果这家餐厅打算做大做强,那团队成员就需要具有强大的抗压能力。这非常重要。这会促使团队成员不断学习和成长并最终变得极度抗压。这一关键特性确立了该餐厅理想中的自我形象。如果压力变大，领导者可以提醒团队顶住压力，保持冷静。极度抗压这一点，无疑会成为该团队的一个决定性特征。不仅如此，如果他们能够提升抗压能力，他们就能够找到更好的方法来管理厨房，加快上菜速度，即使在嘈杂的餐厅环境下也能保持对顾客的个性化关注。

但最重要的是，这三个特征有助于餐厅实现其财务目标。想想看，如果你走进一家餐厅，发现他们的员工待客如亲人，他们提供的食物味道很棒，而且他们从来不会因为手忙脚乱而忽略你，你难道不想下次还来吗？当然想。毫无疑问，这家餐厅将会发展壮大，因为他们知道为了完成使命他们需要变成什么样的人，而且他们已经在积极地向这个方向转变。

以下是一些不同类型企业可选择的主要特征示例：

网络营销产品代表：
（1）乐于与人交往；
（2）相信他们的产品可以改变生活；
（3）充满韧性。

财务顾问：
（1）坚持客户至上；

（2）能够对复杂的投资做出清晰的解释；

（3）愿意积极助力于各个家庭的财富积累。

咨询顾问：

（1）擅长将知识转化为实用的框架；

（2）乐于与人交往；

（3）专注于解决客户的问题。

现在是时候来定义你企业的主要特征了。为了实现你的使命，你和你的团队需要具备哪三项特征？

进行头脑风暴，讨论出你和团队为实现使命而必须具备的特征。在确定了最主要的三项特征之后，将其添加到你的小企业盈利计划之中。

主要特征：

_____

_____

_____

现在你已经知道了你的三个经济优先事项，以及你需要成为怎样的人才能实现你的财务目标。下面我们来谈谈为了实现企业使命，我们需要采取哪些行动。

采取关键行动

创建一套指导原则，这可能是你作为小企业主所能进行的最具有鼓动性的活动之一。静下心来勾画蓝图是一种非常奇妙的体验。然而，空谈梦想将是一个严重的错误。为了实现你的使命，你必须付诸行动。

大多数指导原则框架都不会将关键行动包含其中，但在我看来，关键行动几乎和主要特征一样重要，甚至更为重要。如果我们不能将使命落实在行动中，我们将永远无法实现我们想要达到的目标。

在指导原则表的关键行动部分，你需要确定团队中每个成员日常可以执行的三项行动。这些行动将推动企业实现其预定的财务目标。

如果你是一名个体创业者，那这个环节将相当简单。你只需确定三个事项，然后坚持每日执行，它们便会自然而然地推动你实现使命。但如果你有了一个几人的小团队，你就需要找出三项适合所有人开展的行动。对于三四十人甚或几百人的团队而言，情况同样如此。

确定关键行动，实质上是为了创建一种推进使命不断向前的习惯。如果团队中几乎所有人都能养成促进企业利润增长的三个好习惯,那公司的业务肯定会蓬勃发展。

打造有使命的企业
指导原则表

使命宣言

主要特征

① ② ③

关键行动

① ② ③

Business Made Simple

1 领导力

什么样的行动可称得上是关键行动？

你的关键行动应当具备以下两个共同点：

（1）几乎所有团队成员都可执行这些行动；

（2）这些行动应当直接有助于企业使命的实现。

我们仍以之前提到的餐馆为例。如果团队中所有人都养成了向顾客推销美味甜点的习惯，那毫无疑问这家餐馆将售出更多的甜点。同样，如果他们能够每小时清洁卫生间，那整个餐馆看上去会更加整洁卫生。这两项行动都会影响餐馆的收入和顾客的整体体验。另外，如果该餐馆的另一项关键行动是不间断地为排队等位的顾客提供甜茶饮料，那么这家餐馆显然会赢得更多顾客的赞誉。

请注意，我说的是"几乎"所有员工都可以执行"几乎"所有关键行动，在这里，"几乎"这个词很重要。在现实中，你不可能让一个在后面忙碌的厨师出去给顾客添茶倒水。但当一名厨师穿过餐厅并和座位上的食客攀谈时，他也可以向他们推荐美味甜点，并回答他们提出的关于德国巧克力蛋糕之类的问题。

用关键行动创建优秀的企业文化

当你在福来鸡快餐店对店员说谢谢时,他们会回答说"这是我的荣幸"。这一关键行动既体现了"为客户提供服务是一种荣幸"的理念,同时也借此创造了一种积极为顾客服务的企业文化。

你的关键行动可以在创建企业文化方面发挥重大作用,尤其是在你的多数员工每天都在执行关键行动时。

当人们一起采取同样的行动时,就会建立一种纽带,创建出一个部落。随便看一场大学的橄榄球比赛,你会注意到球迷在看台上所采取的关键行动。无论是欢呼、起舞,还是对裁判的判罚发出嘘声,这些行动都起到了纽带的作用,将一群人紧紧地团结在了一起。

除了建立纽带,你和团队几乎所有成员所采取的关键行动还会放大你打算通过行动向外界传递的信息。例如,当一家房产中介公司把向每一位成功购房的客户送上一张感谢卡作为其关键行动时,他们其实就是在放大"他们关心客户并喜见客户乔迁新居"这一信息。这一简单的关键行动可以起到很多作用。它可以让办公室的每个人都知道又有一套房子被售出,同时它也让所有员工意识到,他们的这项工作会改变客户的生活,因此非常有意义。从另外的角度看,这也是中介公司和客户之间的一种愉快而贴心的互动，它能够提升该中介公司在客户中的美誉度。

遴选出最适合你的关键行动

不要对关键行动过分焦虑。如果你非要找到所谓的"正确行动"，那你很可能会为此感到沮丧。事实上，适用于小企业的关键行动不计其数。你只需要从中找出三项能够对你产生重大作用的行动，然后将其转变为你的企业习惯，并借此推进公司业务。

关键行动可以很简单，例如"我们每天站着举行晨会，以确定当日目标"，或者"我们每天都会审查我们的客户名单，并确定他们是否会有特殊需求"。仔细思考后你会发现，这两项关键行动可以带来令人难以置信的成功。如果你每天都给自己设定目标，你就很可能实现这些目标；如果你能够确定客户的特殊需求，那么当客户到来时，你就更有可能和他们建立牢固的联系，而这会增加回头客的数量并提升产品的口碑。

要积极地对你的关键行动展开测试，并淘汰掉那些无法为你和团队带来牵引力的行动。这个过程可能会需要一点时间,但用不了多久,你就会发现你和团队已经找到能够推动业务发展的关键行动,而这些行动会很快转变为一种习惯,成为你企业文化的一部分。

以下是一些不同企业的关键行动示例:

面包店:

(1)我们会为每一位到来的顾客提供一份试吃样品。

(2)我们会检查食品储藏室里所有配料的保质期。

(3)我们会每小时整理一次个人工作空间。

制造厂:

(1)我们会全天佩戴安全帽和手套。

(2)我们会保持工作环境的整洁。

(3)我们会总结昨天的工作进展,并在新一个班次开始时设定工作目标。

个体创业者设立的在线学习平台:

(1)我会每天给新客户打电话,感谢他们订购我的产品。

(2)我会每天在社交媒体 Instagram(照片墙)上发一个新帖,免费提供有价值的内容。

(3)我会在每天早晨制订我的当日计划,并确定我需要在当天创作的内容。

请静下心来，认真勾画出你和团队可以采取的能够直接助推使命宣言实现的关键行动。

通过头脑风暴来找出你的关键行动，然后把确认的三项关键行动添加到你的小企业盈利计划指导原则表中。

以下是三家不同企业填写的指导原则表：

B2C 企业示例：婚庆蛋糕店

打造有使命的企业 指导原则表

使命宣言

我们将在年底前售出 250 个婚礼蛋糕，每月推出一种新口味，并成功吸引 2500 名新的潜在客户，因为每对新人都值得拥有一个让他们倍感骄傲的精美婚礼蛋糕

主要特征

① 充满创意	② 每月学习一种关于蛋糕装饰的新技巧	③ 保持个人台面的干净整洁

关键行动

① 微笑迎客并免费请客户试吃蛋糕	② 学习新的装饰技巧	③ 对挑战的第一反应是："谢谢你，我们会找到解决办法。"

Business Made Simple

B2C 企业示例：网络安全解决方案供应商

打造有使命的企业
指导原则表

使命宣言

在年底前，我们将进行 100 次新的安全审计，为 50 个新客户创建安全包，留存 250 个按月付费用户，因为保护你的企业免受网络攻击不应该变成一件难事

主要特征

① 像黑客一样思考

② 强烈的正义感

③ 善于竞争，敢于取胜

关键行动

① 如期交付

② 积极奉献，勇于探索

③ 每日举行站立会议，进行复盘总结

Business Made Simple

1 领导力

> **非营利企业示例：住宅建筑商**
>
> # 打造有使命的企业
> # 指导原则表
>
> ### 使命宣言
>
> 在本财年结束前，我们将通过募集资金建造 50 套新住房，找到 50 个有资格获得新房的家庭，并和 5 个钻石级企业合作伙伴签约，因为每个家庭都有权在饮食和住宿方面得到保障
>
> ### 主要特征
>
> | ①关注受困家庭 | ②在建筑和空间开发方面拥有卓越的眼光 | ③及时就位，做足准备 |
> |---|---|---|
>
> ### 关键行动
>
> | ①向遇到的每一个人宣传我们的企业使命 | ②记录一些家庭的故事并对其进行传播 | ③积极呼吁潜在资助者和我们共赴使命 |
> |---|---|---|
>
> Business Made Simple

在确立了指导原则之后，你该做些什么？

现在你已经确定了你的使命宣言、主要特征和关键行动，你现在可以将它们全部添加到你的指导原则表中。

为了践行这些指导原则并完成你的企业使命，你可以依据自己的指导原则推进以下事项：

- 在每周的全体员工会上对其进行评估。
- 在全体员工会上对那些展现出主要特征的团队成员进行公开表扬和积极评价。
- 在你的营业场所对指导原则进行艺术化的展示。
- 与你的领导团队在每两年一次的特别会议上对其进行总结和修订。
- 广泛地宣扬你对指导原则所做的修订或更新。
- 创作视频来解释（并演示）你的指导原则，以便新员工学习了解。
- 在所有招聘材料中展示你的指导原则。

恭喜你，现在你已经使用"企业使命框架"创建了你的指导原则，你已经为建立你的小企业打下了基础。提供一个令人信服的愿景、确定主要特征和关键行动，这些举措将使你和你的领导团队转变为值得信赖的向导，你们将帮助团队中的每个人去完成使命并获得胜利。

现在你已经确立了企业使命，并已经做好了继续前行的充分准备。接下来我们即将进入第二步：明确你的营销信息。

营销
MARKETING

2

STEP TWO

第二步：右引擎

活用 7 个要素，明确产品的关键卖点

步骤二将帮助你解决如下问题：

- 你无法确定如何营销才能够使产品畅销。
- 你的网站和其他渠道没能将营销转化为销售。
- 客户没有积极传播你的品牌。
- 你的社交媒体传播缺乏清晰的主题。
- 你没有创造出忠实的品牌追随者。
- 当你谈论你的产品时，人们只会感到困惑。

领导力	营销	产品
驾驶舱	右引擎	机翼

成本
机身

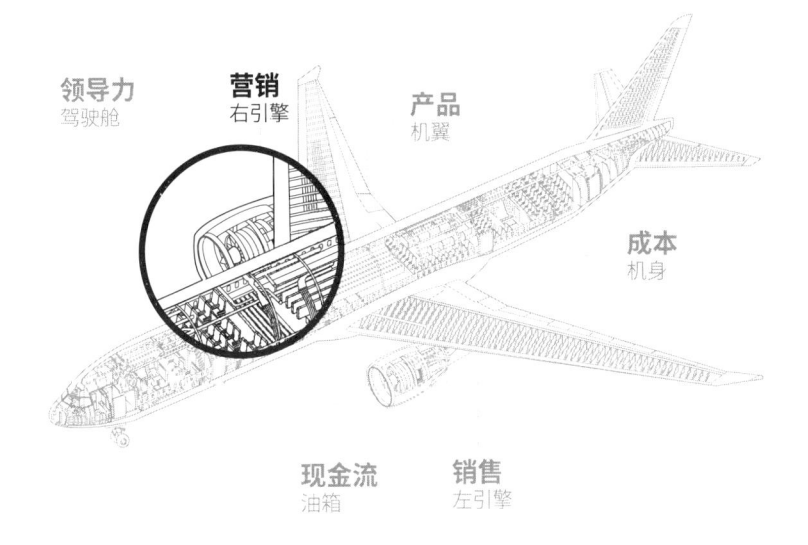

现金流　销售
油箱　　左引擎

如果你读过我的《你的顾客需要一个好故事》，那这一章的内容可能会让你有一种似曾相识之感。但请放心，本书的其余部分都是新增添的内容。尽管是老调重弹，但我并不建议你直接跳过这一步，因为复盘并完善你的营销引擎是增加飞机推力和升力的关键。

小企业的创办者常把设计品牌的标识和颜色当成自己的第一要务。他们太爱自己的标识了，所以他们把它印在棒球帽、咖啡杯以及书包上，然后把这些小玩意儿送给自己的亲朋好友。但问题是，把你的商标印到这些赠品上并不能增加你产品的销量。光顾着搞牌子却不顾及实际的市场营销，这就好比是在给一架还不能飞的飞机刷油漆，完全就是在搞表面文章。

一个花里胡哨的标识和那些给亲朋好友的赠品到底能带来多少销量？通常而言，它们对销售没有丝毫帮助。事实上，能从你的品牌标识和咖啡杯中获利的，只有那些搞品牌设计的，还有那些向你兜售咖啡杯子的。

创设品牌标识和选择品牌颜色当然很重要，但还有其他更重要的事。找到潜在客户，让他们知道你的产品可以帮他们解决棘手的问题并让他们下单订购，远比把你的品牌标识印在各种赠品上重要得多。

当然，如果你已提前设计好了自己的标识和品牌风格，你也不用焦虑。起码你之后就不用再操心这些事了。但现在的主要任务是赶紧让你的飞机升空。我们要先考虑如何挣钱。

下面的两个步骤分别象征着你飞机的左右两个引擎，其中右引擎代表的是营销，左引擎代表的是销售。引擎的作用是创造推力并使飞机向前移动，所以我们接下来要讨论的是如何让这两个引擎发挥作用，以使飞机能够快速向前滑行并最终升空。

明确你的信息，客户才会愿意倾听

我们的营销工作应明确地集中于如下目标：以清晰、简单的语言解释我们的产品，让每个人都能明白为什么他们应该购买我们的产品，并使之产生购买的欲望。

这听起来像是某种形式的操纵，但营销的核心不是操纵，它的核心在于传递清晰的信息。操纵只会让你做成一锤子买卖，清楚地解释你所提供的产品或者服务则能够建立信任，让你赢得回头客。

当我们谈论营销时，我们经常提及的是网站、潜在客户生成工具[①]、广告，以及标牌、小册子和传单等。这些都是重要的营销材料，但事实是，营销的核心在于你在这些网站、广告和标牌上所使用的语言。

可悲的是，大多数小企业关注的只是它们的营销形式，而不是营销内容。这样一来，它们就永远得不到自己想要的营销效果。为什么？因为顾客之所以下单，并不是因为你的品牌设计非常有吸引力，而是因为他们读到或听到的文字让他们产生了下单的欲望。

营销是在帮你打造飞机的右引擎，在这个步骤中，我们实际上可以通过创建简洁的关键信息的方式来促动你的营销引擎。你可以在各个营销渠道重复使用这些关键信息。你的

---

① lead generator（潜在客户生成工具）来源于 lead generation（潜在客户生成）一词，潜在客户生成是指通过各种方式让客户对企业的产品或服务产生兴趣并进行询问，企业则借此获取潜在客户的联系方式或者用户画像等个人信息。——译者注

语言越明确，你的传播越密集，你的飞机滑行得就越快，你就能获得更多的升力。

这时候我们就需要用到"品牌脚本"（BrandScript）。品牌脚本由 7 个"要点"构成，你可以利用这个品牌脚本将客户带入一个你所创造的故事之中。在这个故事里，客户会通过购买你的产品来解决他们遇到的问题，并从此过上幸福的生活。

在本章中，我将指导你如何从头到尾地创作这些要点。

当你完成了对品牌脚本的创建之后，你将获得强大的营销语言，并且可将其应用于你的网站、你的潜在客户生成工具和电子邮件，甚至你的演讲之中。只要你使用我即将向你介绍的这一框架，你就能创作出你所需要的营销语言，让更多客户对你的商品产生兴趣。

小企业的营销离不开语言文字

在考虑创办小企业时，我们能想到的无非是我们需要为之投入时间、投入金钱、招聘员工以及创建产品。但我们经常忽略的是，我们其实也需要使用语言文字来描述我们的产品。实际上，我们的业务之所以能够取得增长，是因为我们用语言说服了客户，让他们愿意购买我们的产品。如果我们不知道如何用语言来介绍我们的产品，我们的业务就无法实现增长。

绝对不能忽视你用于描述产品的语言文字。当人们访问你的网站时，他们会读到关于你产品的有关介绍。这些语言文字可能会吸引他们，但也可能会让他们感到困惑。只有这些语言文字具有足够的吸引力时，他们才会下单，购买行为才会发生。当人们拿起你的产品时，他们会阅读包装上的文字。当客户阅读你发出的电子邮件或浏览你的社交媒体账号时，你所使用的语言要么会激起他们的兴趣，要么会让他们感到困惑和厌烦。你的语言文字可能会将他们带入一个故事，在这个故事中，他们会成为主人公，并且会使用你的产品去解决问题。当然，你的语言文字也可能会让他们失去兴趣并转身离去。

可以说，你的品牌是用语言文字打造的。

那么，我们到底应该用什么样的语言文字来吸引消费者，并促使其下单？

若想用语言文字来增加消费者对你产品重要性的理解，你需要记住以下两个关键认识：

（1）人们只会对有助于他本身生存和发展的信息感兴趣。

（2）在多数情况下，人们只会接受那些听上去很简单的概念。

告诉人们你如何能促进他们的生存和发展

企业在营销其产品时所犯的最大错误是，它们未能关注到产品会如何促进人们的生存和发展。

人总是很关注生存问题。事实上，这是人类大脑的主要任务：它会扫描环境，以获取有利于个人生存的各种信息、工具以及关系。这意味着在你的整个生命周期中，你都在将主要精力用于寻找有利于你生存（和发展）的各种人和事，你很少会关注其他的事情。生存是包括你在内的所有人的主要人生目标。

如果你想要售出更多的产品，你就要多多谈论你的产品中有助于人类生存和发展的那些方面。没有人在意企业的创始人是不是你爷爷，但他们肯定会关心你的产品到底能不能帮助他们解决各种令人头疼的问题。因此，当我们谈论产品对生存和发展的益处时，他们就会表现出关注度。反之，如果我们不把重点放在这些方面，他们根本就不会在意你的产品。

千万别让客户太费脑子

如果我们想让消费者购买我们的产品,我们必须做的第二件事就是使用简洁易懂的语言。如果我们的营销不够清晰明了,我们就会直接被客户忽略。客户总是在扫描环境,寻找有利于其生存和发展的人和事。但是,由于他们身处信息轰炸之中,因此他们并没有太多时间来研究任何无法立即激起他们生存本能的东西。

你的大脑会过滤掉几乎所有东西,只去处理那些能帮助你生存和发展的信息。这意味着大多数营销信息都将被无视。如果你的大脑没有过滤掉那些不必要的信息,你的生活将陷入彻底的混乱状态。如果你的大脑中真少了这个关于不必要信息的过滤器,那么当你走进一家咖啡店时,你可能会停下来研究门上的铰链,而为了搞清楚用什么样的油脂能够不让这些铰链发出吱吱的声响,你可能会一动不动地在那里站上个把小时。

生活中的大多数"值得注意"的事情都会被我们忽略。我们通常会无视几乎所有和我们生存无关的事情。所以,如果你不能让你的产品变成一种有助于提高人们生存质量的工具,那你的产品必然会遭到忽视。

我所说的"生存"到底是什么意思?其实,这里的生存指的是省钱、赚钱、休息、让自己觉得舒服、与更多的人建立联系、陪伴亲人、照顾自己、寻找爱情、获得娱乐、休息和恢复元气、吃饭以及保护自己等行为。

所以，如果为了扩大产品销售，我们需要将我们的产品同客户的生存相联系，并且使用简短的关键信息。那么我们应该在营销中使用何种信息？答案非常简单：运用简短的关键信息将我们的产品与客户的生存联系起来，让人们无须耗费过多脑力就可以找到购买这些商品的理由。

换句话说，不要跟别人大谈特谈你曾祖母的创业史，也不要谈论你拥有一个极好的工作环境、你正在建造一座大楼或者任何其他关于你自己的事情。客户并不关心你，他们关心的是他们自己。

你的客户天生自带过滤器；如果你所谈论的事情与他们的生存和发展无关，他们就会直接无视你。

用故事来创建简短易懂的关键信息

我们可以借助故事的强大力量，创建能够突破人脑过滤器的简短易懂的关键信息。没有什么比故事更能让你的销售和营销引擎运转得更快。故事是最好的方法。

营销中最大的挑战之一，就是如何让人们不再忽视我们,而是愿意花足够多的时间关注我们,并倾听我们讲述为什么他们应该购买我们的产品。这是一种实实在在的挑战。

你知道人类的大脑平均有30%的时间都是在做白日梦吗?当我们遇到堵车的时候,我们便会开始做白日梦。当我们读书的时候,我们所能做的就是强迫自己不要做白日梦。

事实上,白日梦是一种生存机制。当你做白日梦时,你的大脑其实是在说:"这里没有任何可以帮助我生存或发展的东西,所以我要保存好能量以备后用。"

故事是为数不多的能让你停止长时间做白日梦的事物之一。当我们静下心来观看电影或阅读小说时,我们的大脑就会沉浸在故事之中,而且我们会长时间保持专注。我们都有过这样的经历:在观看网飞电视剧集时,我们常常会忘记了时间,在沙发上一坐就是一整天。故事是如此引人入胜,让我们根本无暇顾及其他。

所以,既然故事能够吸引我们的注意力,那么我们该如何利用故事的力量来激发客户对我们的品牌和产品的兴趣?

幸运的是,故事一直遵循着古老的公式。几千年以来,各式各样的故事讲述者一直在运用这些公式来吸引受众的注意力。古希腊的故事叙述方式同样适用于今天的虚拟现实电子游戏。

在创建你自己的品牌营销故事脚本时,你需要创建7种类型的关键信息，而且你需要在营销材料中不停地重复这些关键信息。这一方法能够把客户带入你所创建的故事之中，并最终为你的公司创造更多的收入。故事品牌框架是对传统故事公式的一种浓缩。这一框架已经得到了多家企业的验证，因此同样会适用于你。

在六步法的第一步中，你使用"企业使命框架"将你和团队引入了一个故事之中；现在，你将使用故事品牌框架将客户带入一个能够帮助他们解决问题并改变他们生活的故事。

故事品牌框架的7个部分

迄今为止，已经有超过70万名企业领导者使用过故事品牌框架，他们利用该框架明确了营销信息，并为他们的市场营销引擎带来了更大的推力。尽管许多《财富》世界500强企业也采用了该框架，但该框架主要的适用对象还是小企业。这一框架的强大之处在于，它能够清晰地向公众说明企业的价值。

这一框架将向你介绍一个精彩故事应具有的7个情节点，此外它还会提供7个可用于市场营销的关键信息。为了明确你的营销信息，你可以在网站或推广页面、潜在客户生成工具、客户教育邮件和销售电子邮件以及演示文稿中，通过使用这7个关键信息将客户带入你所设置的故事情节。

如果你还不知道如何进行产品（或服务）营销来让客户下单，那么在学习了接下来的内容后，这种情况将会发生彻底改变。

由7个部分构成的故事品牌框架如下图所示：

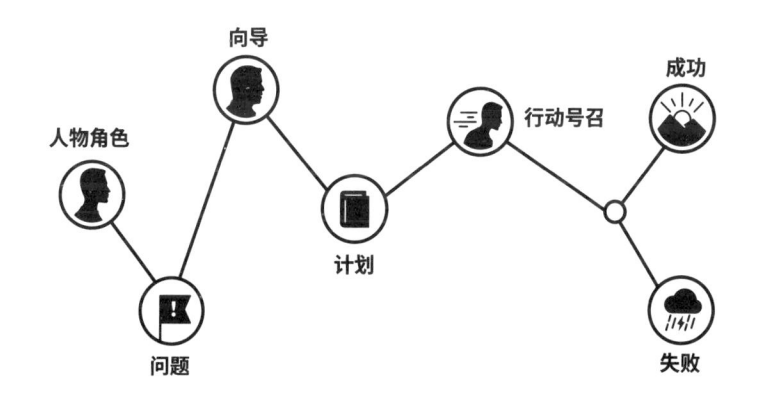

在完成第二步之后，你将学会如何使用营销语言来向客户描述你的产品，以及为什么你的产品能够促进客户的生存和发展。

故事品牌元素1：一个有诉求的人物角色

任何故事都始于一个有诉求的人物角色：一位英雄想要

拆解炸弹，一名运动员想要赢得冠军，一对有情人想要成为眷属。

当故事的主角有所诉求时，观众就会集中注意力，这是因为这个故事让他们产生了好奇：故事的主人公到底能不能得到他们想要的东西？

这是你在市场营销中需要牢记的第一件事：要想获得关注，你首先需要确定潜在客户的诉求，并且在你的营销中有针对性地谈论此事。他们是不是希望自己的宠物能够更加健康快乐？他们是不是希望电动车有更长的续航里程？他们是不是想把孩子送到一所教师更关心学生成长的学校？

当你开始讨论那些关系到客户生存和发展的问题时，他们自然也会开始关注你。

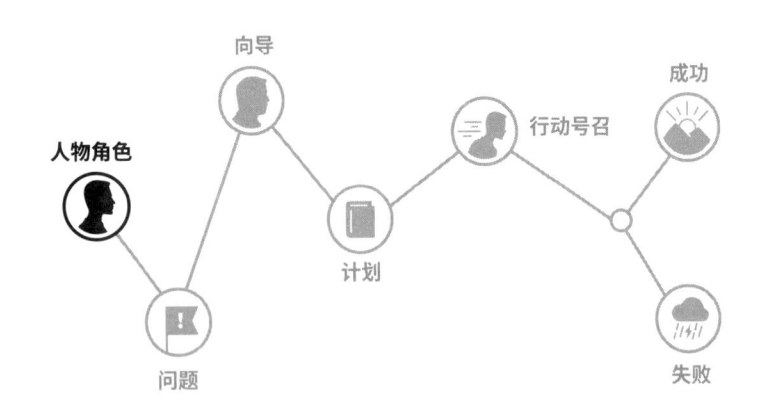

这里的关键是要有针对性。一名婚姻咨询师往往会认为，自己客户的诉求就是"有一个幸福快乐的家庭"，但这个说法太笼统了。这样的描述同样适用于家具公司、家庭安保公司，甚至包括那些建造游泳池的公司。所以你可以试着这样来描述自己客户的诉求："我们的客户想和自己的伴侣重燃旧爱。"

你的描述越具体，你就越可能在客户的脑海中开启故事循环。

请回答：你的客户到底需要从你的企业中得到什么？

一旦你确定了客户的具体诉求，你就得到了可用于营销的第一个关键信息。

为什么这一关键信息会促进销售？因为一旦我们确定了客户的具体诉求，我们就可以在其脑海中开启故事循环。他们可以关闭这个故事循环的唯一方法就是购买我们的产品或服务。

但也请注意一个问题：仅仅是我们确定了客户具体诉求这件事，还不足以确保客户下单。很多人都有诉求，但他们并不见得会为此付出真金白银。他们可能会说服自己放弃诉求，也可能会转身忙于其他事情。为了让人们相信他们确实需要你的产品或服务，你必须适当扩大你的故事循环。

故事品牌元素2：必须克服一场冲突

在故事中，主人公通常不会立刻得到他们想要的东西。如果真的如此，那这故事讲不了几页纸就结束了。试想如果一个男人想要迎娶他高中时代的恋人并向她求婚，然后对方一口就答应了，两人从此过上了幸福的生活——这简直就是有史以来最无聊的爱情故事。

主人公绝不能轻易达成目的，而是必须经历各种艰难险阻。一个男人想娶高中恋人为妻，但不幸的是，后者竟然爱上了他的亲兄弟。他的兄弟是个十足的浑球，但女孩对此一无所知。他不能告诉女孩自己的兄弟是个浑蛋，因为如果这样做，他就会和自己的亲人反目成仇。所以，他到底会怎么做？他如何克服这一切，并如愿以偿地与自己的梦中情人幸福终老？在这里就出现了一个关于故事的问题。

冲突增加了故事的吸引力。虽然我们谁都不希望现实生活中发生冲突，但我们热爱故事中的冲突。在观看电影的时候，你总是会发现主人公面临着各种艰难险阻。你会发现在整个故事中，主人公要么面临着各种精神上的困境，要么身处危墙之下。故事叙述者之所以要不断地给故事增加冲突，就是因为人类本身就一直在面对和处理冲突。只要你稍微想一想就会意识到，其实我们每个人都在与各自生活中的问题做斗争。

冲突增加了我们对故事的关注度。我们想要知道主人公是否能够得偿所愿。当我们在荧屏上看到故事的主人公成功化解冲突时，我们也会希望自己能够克服在现实中面对的冲突。

为了创建出能够使人们产生购买欲望的关键信息，我们必须关注客户正在面对的问题，并且需要让客户知道我们的产品何以能够帮助他们解决问题。一旦我们关注到了客户的问题，我们的营销工作就能够做得更好，我们的飞机也能够因此飞得更远更高。

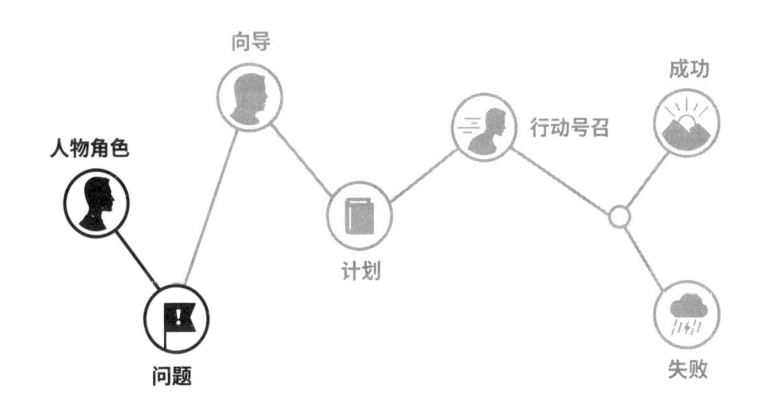

记住：人们只会为了解决问题而购买产品和服务。如果你能够关注到客户面临的问题（而你的产品恰好能解决这些问题），你就可以进一步扩大故事循环，让客户相信只有购买你的产品和服务才能够解决他们所面对的问题。

请回答：你的产品能够帮助客户解决哪些问题？

这样你就得到了可以用于营销的第二个关键信息。

当然，并不是所有客户都会这么快地被你说服。我们也还可以做更多事情。一旦我们确定了客户的诉求，并清晰地告知客户他们因为没有购买我们的产品而正在遭受痛苦，我们就可以站到他们的角度，去帮助他们理解我们所提供的解决方案了。

故事品牌元素3：遇见一个向导

在故事中，主角会通过寻求帮助来克服挑战。我们经常以为主角无所不能，但实际上并非如此。他们通常体弱多病，缺乏装备，胆小怕事，充满了自我怀疑，并急需帮助。直至故事临近结束时，主角才能够完成蜕变，成长为一名能够胜任其任务的角色。

所以，是谁帮助主角取得了最终的胜利呢？是向导。

故事中经常会出现一位神秘、坚韧且无所不能的角色，他的任务是协助主角最终取得胜利。这一角色就是我们所说的向导。

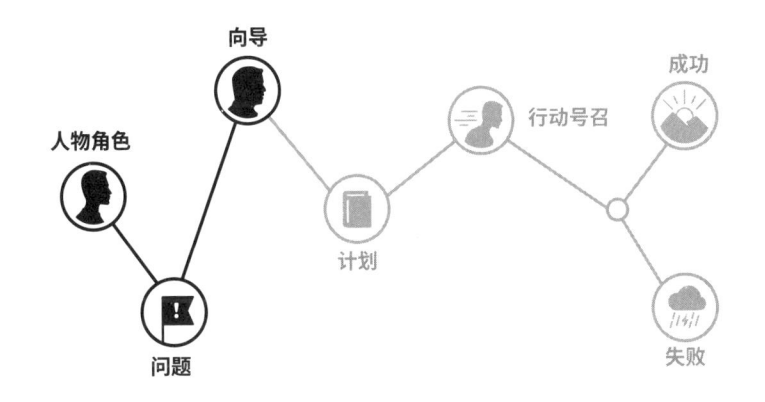

人物角色 — 向导 — 问题 — 计划 — 行动号召 — 成功 / 失败

在《龙威小子》中，宫城先生是丹尼尔的向导。在《指环王》中，甘道夫是弗罗多·巴金斯的向导，是他帮助后者摧毁了魔戒。在电影《欢乐满人间》中，玛丽·波平斯是孩子们和他们父母的向导。

如果没有向导，故事的主角就会迷失方向。如果没有向导，这些主角将永远无法克服他们的问题。

永远不要扮演主角，而是要成为向导。这可以说是整个故事品牌框架中最关键的一点。

许多小企业的领导者都错误地把自己当成了故事的主角。他们不是在谈论产品的创造过程，就是在谈论他们的销售有多好，他们的业务资历有多深。但实际上客户对此根本不感兴趣，他们关注的是你能否帮助他们解决问题。

作为企业领导者或者小企业的所有者，你绝对不能把目己当成故事的主角。主角不需要另外的主角，主角需要的是能够帮助他们的向导。

当你把自己定位为向导时，潜在客户就会将你视为能够帮助他们的人。但如果你把自己定位为主角，客户就会直接无视你。你会变成一个透明的存在。

为了将自己定位为向导，你需要做以下两件事。

第一件事是展示你的同理心。向导应该更关心故事主角的成功与否，而不是他们自己的成败。这里的关键词是"关心"。

在你的营销资料中，你需要对潜在客户所经历的痛苦表达同情。你可以说："我们知道那种……的痛苦滋味。"这样的表达会对你作为一名向导的定位大有裨益。

请记住，作为主角的客户往往缺乏装备、沮丧无助和胆小怕事。也正因为如此，他们才希望找到能够真正理解其处境的人。

一定要在营销资料中展现你的同理心，只有这样，你的客户才会视你为关心他们疾苦的向导。

要想把自己定位为一个向导，你需要做的第二件事是展示权威。我所说的权威，是指你必须向作为主角的客户证明，你确实知道如何帮助他们克服挑战并赢得胜利。

仅仅关心客户是不够的，你还必须有能力领导他们。你是否帮助过成百上千的客户克服问题？你是否拥有一套轻松克服挑战的技术？你的能力是否得到过某些奖项的肯定？你如何通过语言的交流，让客户相信你能帮助他们解决问题？

要多跟客户说"我们已经成功帮助成千上万个这一类型的企业克服了×问题"，或者"我们的技术屡获殊荣并得到了数十家媒体的专题报道"之类的话。要让客户知道你非常擅长解决他们所面对的问题。

许多人认为不扮演主角意味着你不能在营销中谈论自己，但事实并非如此。你完全可以谈论自己。你可以谈论你有多关心客户所面临的问题，你也可以谈论你在解决这个问题方面的强大能力。

通过表达你的同理心并展示你的权威，你成功将自己变成了客户生活中的向导。当客户知道你关心他们的问题并能帮助他们摆脱困境时，他们就会向你寻求帮助。

请将以下两个关键信息加入你的营销资料，它们将帮助你成为潜在客户的向导。这两个关键信息分别是：

表达同理心：

展示权威：

在你的营销宣传中使用这些关键信息，会有更多的客户关注你。

一旦你把自己定位为客户一直在寻找的向导，他们便很可能下单。事实上，只要在你的营销信息中包含这三个叙述元素，你的右引擎就会更具效率，你的收入也会随之增加。尽管如此，许多客户仍可能不会下单。的确，他们认为你的产品是一种可以帮他们解决问题的工具，他们也尊重你作为向导的角色，但你的一些客户会厌恶风险，他们需要再考虑一段时间。

那么，我们如何才能让他们勇于向前一步，放松情绪并点击"立即购买"那个按钮呢？我们应帮助他们制订一个计划。

故事品牌元素4：帮客户制订一个计划

客户总是厌恶未知世界。即便你已经找到了他们所需要的东西，对他们所面临的问题感同身受，甚至已经证明了你有能力帮助他们解决问题，有些人仍会不愿意下单购买。

为什么呢？这是因为到了他们必须掏出真金白银的时候，而这是有风险的。

对你而言，此时做出购买的决定是一件顺理成章的事情。你已经为问题找到了解决方案。你有帮助别人解决此类问题的经验。你已经有效帮助许多人解决了问题。都到了这个份上了，客户怎么还是不下单呢？

但客户却有不同的看法。在他们看来，你的解决方案仿佛是在一条湍急河流的对岸。河水奔涌向前，在数十米后便会汇入一道巨大的瀑布之中。如果他们试图穿过河流，他们有可能被河水冲走。他们可能会撞到河里的石头，并最终落入瀑布之中。

这当然非常荒谬。购买你的产品根本没有风险，而且你和我都知道它很有效果。但问题是客户不知道。对我们来说这是一件确定的事情，但对客户来说，这是一种风险。

你该如何让客户获得更多的信心，让他们相信自己的钱不会打水漂？你可以在河里用石头铺出一座桥来。当客户看到有一条清晰的过河路径时，他们会更有可能购买你的产品。

我们都知道那种想要出手但又心存犹豫的感觉。所以对待客户我们绝不能操之过急。你在河中铺的石头应当是一个三步或四步走的计划。当你给客户提供了一个三步或四步走的计划时，他们更有可能下单。

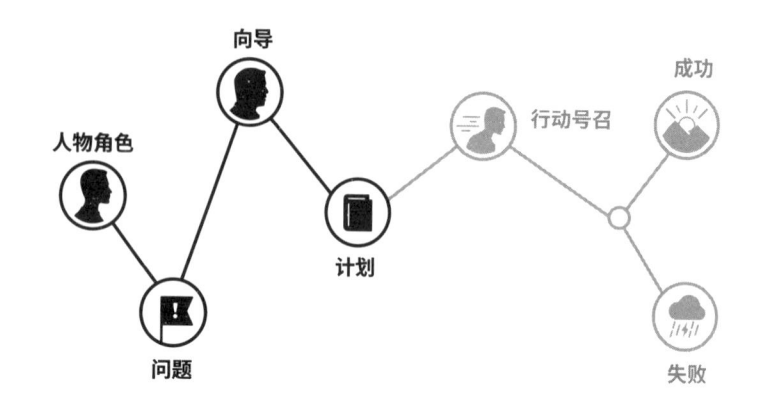

```
人物角色 —— 向导
            |      \
           问题    计划 —— 行动号召 —— 成功
                                    \
                                     失败
```

需要说明的是，三步走的计划一般效果很好，四步走的计划也几乎同样有效，而五步走的计划则几乎完全行不通。一个计划的存在是为了让客户知道从他们的问题到你的解决方案这一过程不会过于复杂。如果你的计划包含了五个或更多的步骤时，你实际上是在跟客户说这个过程非常复杂。保持计划的简洁性，这样你的客户才会感到安全和舒适，并着手下单购买。

举个例子，在以中介身份帮客户买房的时候，你不应该怂恿客户直接出价，相反，你应该这么说："我们一步步来。咱们先联系银行，看看你是否有资格拿到你需要的贷款额度，然后我们再来报价。如果房子价格合理，你就把它买下来，然后住进来。"

你掌握这三个步骤了吗？

像买房这种大额的交易是有风险的。所以当我们为客户提供一个三步或四步走的计划时,他们就不会有那么大压力,从而愿意继续推进交易。

即使你销售的产品价格不高,产量也不大,你也可以从计划中受益。例如,你可以用一个三步走计划来销售一双鞋:(1)下单一双鞋子;(2)在家试穿;(3)如果不合适可以退货。你也可以用这种方法来出售某种服务:(1)报名参加我们的暖通空调维护计划;(2)定期进行检查和更换过滤器;(3)从此再也不用担心你的暖通空调系统。

在你邀请客户参与的故事中,另一种看待计划的方式是:它能够"拨开迷雾"。

当客户面临损失风险时,他们会感到忧虑。他们可能不知道自己在担心,但如果真的面临金钱上的损失,他们肯定会担心。对你的客户来说,下订单意味着他们可能会失去金钱、自尊以及对世界的信赖感。这就好比一个故事的主角为了完成任务而不得不单枪匹马地走进一片黑暗的密林之中。由于雾气罩住了整片森林,所以当你往森林望去时,你只能看到前面几米内的景象。

当你向客户提出一项计划时,你实质上是在帮他们拨开迷雾,如此一来他们就可以更深入地认识他们即将要冒险进入的领域。

当你将整个过程分解为三个或四个步骤时，客户就可以看到森林中更远处的景象。举个例子，一位财务顾问尽量不要说"让我们一起为你规划未来"这样的话，相反，他可以说："我将分三个阶段与你合作。首先，我会评估你的目标。然后我会据此为你制订一个计划。最后，如果你认可我制订的计划，我们就可以齐心协力地去落实计划。"

这样的一个三步走计划其实是在告诉客户，如果他们与你合作，未来会是什么样子。这就是在消除迷雾。

当客户浏览你的网站并产生下单的兴趣时，这样的计划也会让他们体验到购买是一件简单、安全且轻松的事情。在你的推广页面、电子邮件和销售演示文稿中添加一个类似的计划，这将让更多的人下单购买你的产品。

① 拨打免费电话　② 获取你的个性化计划　③ 让你的业务实现增长

你去过CarMax的停车场吗？这家规模庞大的二手车经销商也有自己的三步走计划：你从这里买一辆车，然后把你的旧车卖给他们，再给自己的新车买一份保修计划。这些计划为客户提供了一份解决问题所需的思维导图。

请回答：为了售卖你的产品并解决客户的问题，你需要设计哪三个或四个步骤？

当你在营销中应用了这个三步走计划时，你的销售额将会增加。

现在我们的客户做好了下单的准备，并且我们已经为他们提供了一条清晰、简单的路径，接下来我们要做的，是促使客户采取行动。让我们发起号召，让他们行动起来！

故事品牌元素5：发出行动号召

此时，客户已经进入了我们所创建的故事之中，他们已经做好了下单的准备。有些客户甚至可能会非常兴奋，他们会打电话来，主动询问如何购买你的产品和服务。但也有许多客户属于被动型，他们只有在得到你的召唤时才会下单购买，如果你不发出召唤，他们就会悻悻地走开。他们其实非常希望得到你的召唤，因为他们已经完全做好了拿真金白银来换取问题解决方案的准备。

我承认这是一种很奇特的现象，但无论如何这是一种客观存在：通常而言，人们只有在被催促的情况下才会行动起来。购买行为也是如此。

所以你应该怎么做？号召你的客户满怀信心地行动起来。

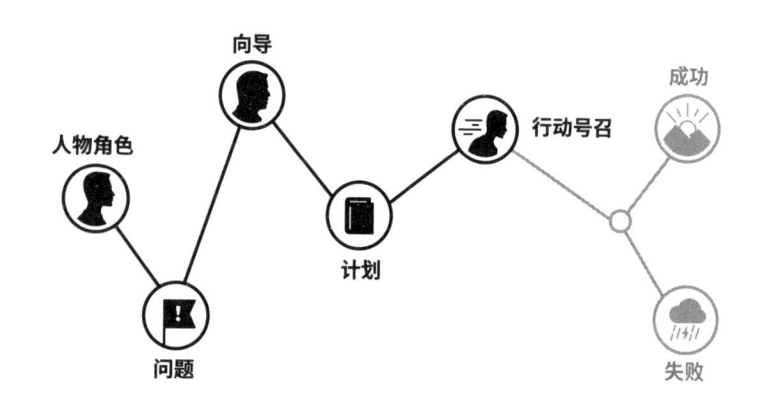

```
         向导                        成功
          ●                           ●
         / \                         /
        /   \          行动号召      /
人物角色 /     \          ●─────────○
  ●────       \        /           \
        \      \      /             \
         \      ●────                \
          ●    计划                   ●
         问题                        失败
```

故事中的主人公常常无精打采，毕竟他们是被迫成为主角的。请记住，他们的特点是缺乏装备，充满自我怀疑，且急需帮助。他们只是想赶紧结束这一切混乱，这样他们就能回到自己的生活舒适区！

所以向导经常需要去刺激故事的主角，以帮助他们解决问题。离开自己的舒适区，攀登高峰，主动出击，去赢得梦中情人的芳心！赶紧动起来！

这对小企业来说意味着什么？这意味着我们需要号召客户行动起来。我们需要告诉他们，是时候去下单购买了！

具体到营销，这意味着我们的网站上必须有一个"立即购买"按钮。事实上，我们应该在网站的各个部分都设置"立即购买"按钮。这个按钮必须做得非常醒目，并且是你的网站上最显眼的按钮。

你可以把网站上的"立即购买"按钮理解为一台收银机。在实体零售店里，你永远不会对你的收银机遮遮掩掩。你希望客户很容易就知道他们在什么地方可以付款。在网站上也应当如此。一定要确保你的网上收银机能够很轻易地被发现、点击以及使用。

即便你不能设置"立即购买"按钮，你也应该添加"马上预约"或"马上来电咨询"等按钮。

许多小企业主不想让自己的营销显得有压迫感，但我向你保证，其实很少有小企业能够给人造成咄咄逼人的感觉。事实上，大多数小企业主犯的是相反的错误：他们在号召采取行动方面显得过于被动。我们经常会使用"从这里开始"或"了解更多"这样的语言，而这实际上会让人觉得我们没有足够信心让客户下单。

客户想要知道的是你对自己的产品很有信心，你确信它能够解决客户的问题。

所以我们一定要让客户做出接受或拒绝的选择。我们一定要对他们发起行动号召。我们一定要呼吁他们进行购买。

请回答：你会在网站和其他营销渠道中使用什么样的行动号召？

当你有了明确的行动号召时,你的销售就会进一步增长。

现在我们已经在营销中加入了强烈的行动呼吁,接下来,让我们再在其中加入有关"后果"的一系列元素,以结束整个故事。

要想使你的故事更具吸引力,客户就需要知道他们潜在的得与失。如果我们能够让客户清晰了解他们通过下单购买能获得什么,或者如果他们不下单则将因此失去什么,他们就更有可能下单。

一个好的故事一定要有"后果"!

故事品牌元素6：如此一来，主角就可以避免失败

好的故事必须包含后果。主角的胜败取决于他们能否完成任务。他最终是会娶到自己的心上人,还是说对方会嫁给自己的浑球兄弟,令他痛苦一生?一位律师是会赢得官司,为整个城市伸张正义,还是会输掉官司,让所有人继续受苦?

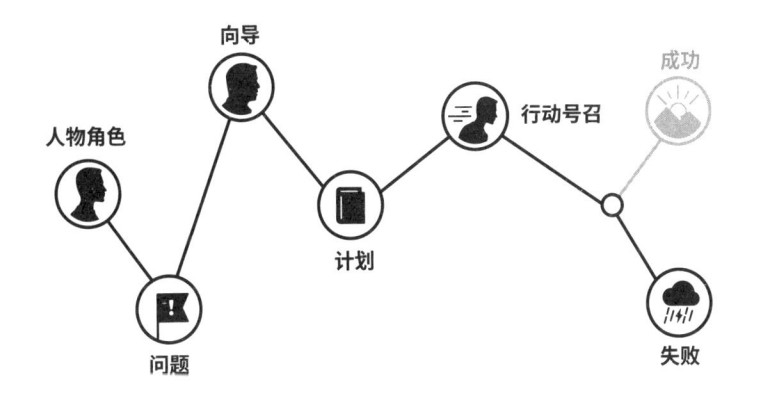

在故事中，我们应经常提醒受众，要注意主角是否采取某种行动的得与失。我们也要在市场营销中做同样的事情。为了使得故事利害攸关，我们需要为其创建"失败"和"成功"两项不同的关键信息。如果客户不购买我们的产品或服务，他们的故事将以失败告终，但如果他们采取了购买行动，他们的故事则会有一个成功的结局。

在这一部分的品牌脚本中，我们需要通过创建一个要点来告诉客户，我们的产品或服务到底能够帮他们避免什么不好的结果。人们希望避免不适的动机往往和寻求舒适的动机一样强烈（如果不是更强烈的话）。在这里我们需要记住的是，人类是问题的解决者，他们总会想方设法地避免沮丧和痛苦。所以，如果我们能够提醒他们，我们的产品可以帮他们远离沮丧和痛苦，他们购买我们产品的动机就会增强。

你们销售的床垫能帮助客户缓解背痛？那你一定要直接跟客户说明这一点，如果能够通过床垫旁边的标牌或者你的网站将这种功效做出具体描述，那营销就会更有成效。你们所销售的汽车是否有供儿童使用的足够后排空间？如果有的话，那就太好了。请一定要告诉客户，其他车都得需要你弯下腰才能把孩子放进汽车座椅，但这款车可以让他们避免这种麻烦。

后果。请记住，所有的故事都事关后果。你的产品能够让客户免去哪些痛苦或者挫折？

为了激发出正确的要点，你需要回答以下问题：

我的产品能够帮助客户避免哪些负面结果？

_____

如果客户没有购买我的产品或服务，他们会面临怎样的后果？

_____

如果你能够在营销中明确阐述这些负面后果，你的订单量会增加。

人们倾向于避免负面后果，因此在我们的品牌叙事中加入这些关键信息可以营造出一种紧迫感。但我们绝不是想让客户找不到解决问题的答案，陷入不确定性。事实上，如果人们选择购买我们的产品或服务，那他们所获得的将是各种不可思议的、积极的、美好的体验。

故事品牌框架的最后一个元素，就是要让客户的问题都得到解决，让他们体验到一种更加美好的生活。

故事品牌元素7：避免失败并体验到成功的感觉

在故事中，你需要为你的潜在客户描绘一个愿景，以帮助他们回答如下问题：这对我有什么好处？

每一位主角都在为他们的故事寻找"从此过上幸福生活"的结局。另外，尽管你对自己产品的强大之处了如指掌，但你的客户对此却并不清楚。

如果我们想让客户真正融入我们的故事，我们就需要让他们知道，如果他们购买我们的产品，他们将会获得何种美妙、强大以及积极的体验。

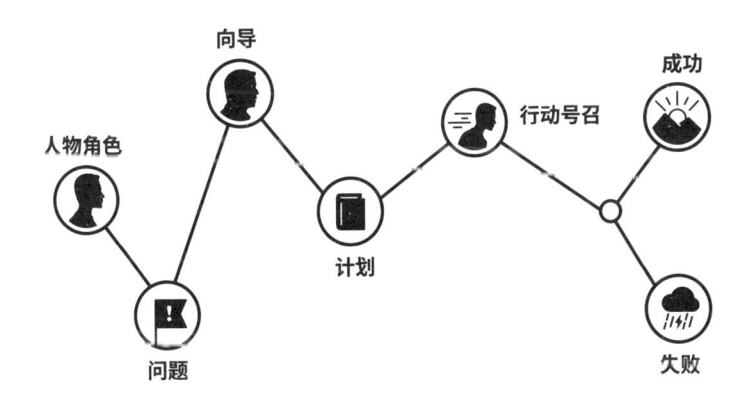

当你向客户介绍你的产品将会给他们带来何种积极影响时，你其实就是在用语言来为你的产品大幅增添经济感知价值。

例如，某个小企业主在网站上销售电动自行车。网站的大标题显示，这辆车售价 3000 美元。对于一辆自行车来说，这是一个相当高的价格。那么这位企业主是怎么让这辆自行车显得物有所值的？他用的方法，就是列举出你买这辆自行车可以获得的各种好处，例如：

- 你将省下加油费。
- 你再也不用担心堵车。
- 你将充分享受户外活动的乐趣。
- 你将为环境保护贡献力量。
- 你将成为一种新潮流的引领者。

你通过网站上的语言文字来向客户传递价值，而当客户读到这些内容时，他们也会暗中盘算。实际上，他们会将产品的价格和他们预期能够得到的价值进行对比，他们认为自己获得的价值越多，产品的价格对他们就越具有吸引力。

事实的确如此，你仅仅通过语言文字，就能够改变你所销售产品的感知价值。

想想看。你需要花费 3000 美元来买这辆自行车，但你也可以因此节省不少开车成本。另外，交通堵塞会给我造成 1000 美元的成本，这就相当于我买的这辆自行车实际上价值 4000 美元，但我们只需要付 3000 美元就能把它拿到手。如果再算上户外活动的价值，那么我相当于用 3000 美元买到了一辆价值 5000 美元的自行车。不仅如此，我还能因此为环保出一份力呢。妈呀，这辆车的感知价值更高了。还有，因为买这辆车，我成了时尚的引领者，成了一个具有远见的早期产品使用者。这都是巨大的价值。所以这么一算，这辆车带给我的价值远远超过了 3000 美元。鉴于它为我的生活所带来的改变，这辆车的实际价值可能高达 6000 甚至 7000 美元。这么想来，用 3000 美元买这辆车突然就变成一件非常划算的事情。我们不过只是在品牌脚本里描绘了购买这辆车的积极一面，却大大增加了该产品的感知价值。

再强调一遍，你可以通过描述人们购买你的产品或服务所能得到的正面结果来增加产品的感知价值。当你使产品增值时，人们就更有可能下单购买你的产品。

把"后果"讲通透是一件非常重要的事。所有的故事都需要有一个幸福或悲惨的结局。当我们在看电影时，我们总是在期待主角能够赢得比赛，拆除炸弹或者获得提拔。我们之所以抱有这样的憧憬，是因为故事讲述者已经提前暗示我们，主角只要能够克服艰难险阻，就一定会获得某种圆满的结局。

和在电影中一样，你也要在客户考虑是否下单的过程中，不断向他们发出暗示，如果他们购买了你的产品，他们的生活将会变得多么美好。所以一定要在营销中向客户详细说明，他们能够通过购买你的产品获得哪些积极和美妙的体验。只要你能做到这一点，客户就会不自觉地对圆满结局产生憧憬，而为了实现这一圆满结局，他们必然会下单购买你的产品。

为了让客户憧憬你能够改善他们的生活处境，你需要问如下两个问题：

如果客户购买了我的产品或服务，他们的生活将会发生什么样的改变？

_____

我的产品或服务将提供哪些能够为客户的生活增加价值的好处？

_____

只要你能描绘出你的产品能给客户带来哪些好处，你就可以增加这些产品的感知价值，你的订单就会增加。

现在你已经向客户展示了其未来生活的样貌，同时也完成了把客户带入故事的整个过程。这是一件好事。人类天生就喜欢故事。我们的大脑总是试图将我们每天经历的随机数据组织成有意义的叙述。当你用故事的元素来组织你的品牌信息时，你的客户就能够很轻松地理解你将如何改变他们的生活。

现在我们已经有了全部的 7 项关键信息，接下来我们将要探讨的是，我们该如何利用这些关键信息来为你的营销创造尽可能大的推力。

通过创建一个品牌脚本来明确你的信息

请使用故事品牌框架的品牌脚本来创建你的 7 个要点。品牌脚本能够让你厘清思维，明确信息，并将客户带入一个使用你的产品或服务来解决问题的故事之中。

你可以将你的品牌脚本添加到本书后面的小企业盈利计划中。

一页式品牌脚本

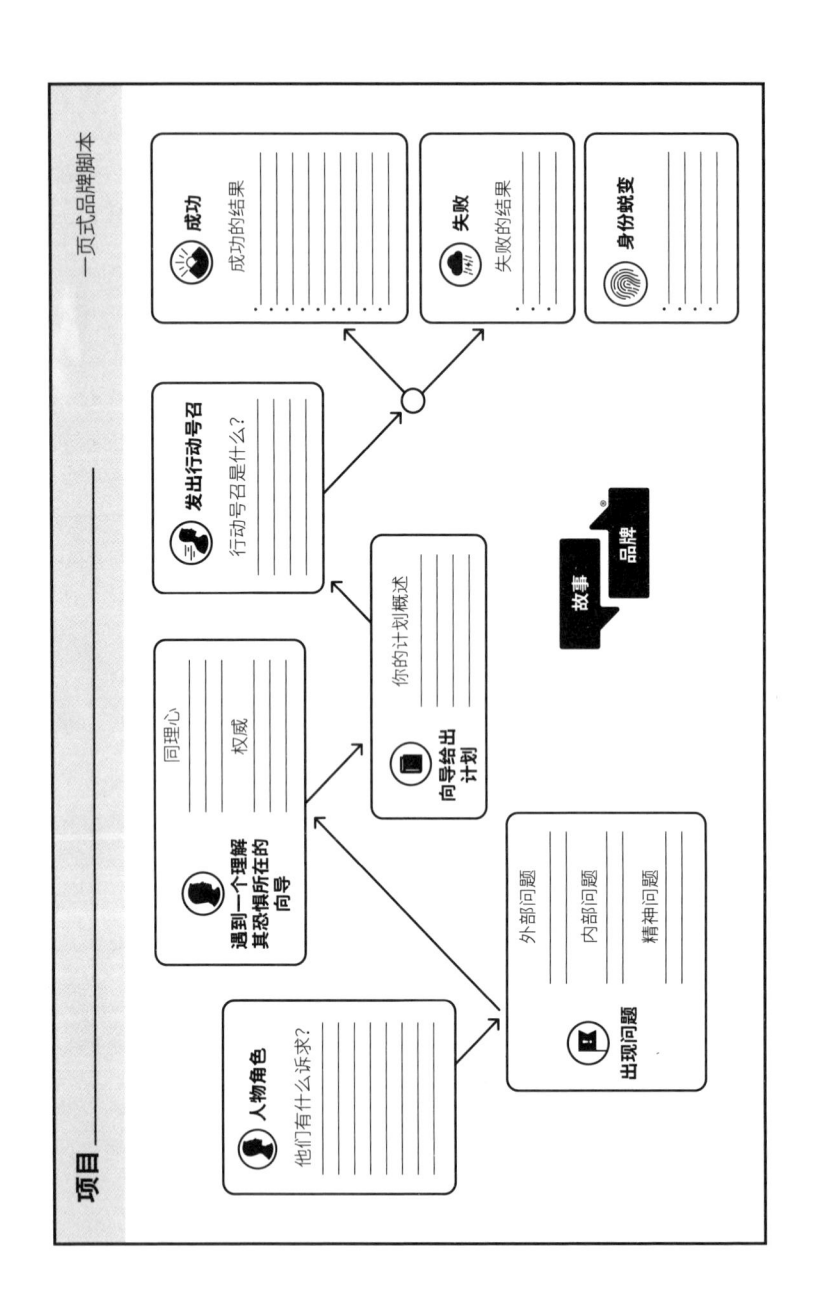

项目

- **人物角色**：他们有什么诉求？
- **出现问题**：外部问题 / 内部问题 / 精神问题
- **遇到一个理解其恐惧所在的向导**：同理心 / 权威
- **向导给出计划**：你的计划概述
- **发出行动号召**：行动号召是什么？
- **成功**：成功的结果
- **失败**：失败的结果
- **身份蜕变**

故事 → 品牌

在你的营销中运用这些新信息

你的新营销信息可以用于你所有的营销渠道,包括推广页面、潜在客户生成工具、电子邮件,甚至和客户的闲聊。

故事品牌框架的基本原则非常简单:

(1)将你的营销缩减至一系列可重复利用的关键信息;

(2)在你的推广页面和整个销售渠道上使用这些关键信息。

一旦你用崭新和清晰的信息来进行营销,你的客户就会做出反应,你的收入就会增加。

现在我们已经启动了你的右引擎,接下来我们将要启动你的左引擎:销售。即使你是一名个体创业者,你的飞机也会因为你懂得了如何销售而飞行得更快。下面我们进入第三步。

销售

SALES

3

STEP THREE

第三步：左引擎

帮顾客解决问题，让你的推销价值百万美元

步骤三将帮助你解决如下问题：

- 你讨厌销售，但又深知为了企业发展你必须做好销售。
- 当你开口要客户掏钱的时候，你没有自信。
- 你的营销和销售策略不协调。
- 你不知道如何写一封能够立即达成销售的邮件。
- 在销售对话中，你一直把自己当成主角，但这并不能促成销售。
- 潜在客户不能很快地信任你。
- 你的销售提议遭到客户无视。
- 你在指导团队成员如何进行销售方面遇到了困难。
- 你需要实现更多的销售，而且是迫切需要。

在阅读本章之前,请接受如下挑战

有些销售策略会很有效,有的则不起作用。谁知道这是为什么?实际上,我们确实知道其背后原因所在。当然,有效的销售手段并非千篇一律。有的销售策略搞笑,有的销售策略严肃,成功的销售者中既有充满人格魅力的梦想家,也有很多无趣的实践者。然而有效的销售策略都有一个共同点,那就是它们都会将客户(选民或者利益相关者)带入一个故事之中。在这个故事里,客户扮演的是主角,他们需要使用你的产品来解决他们在生活中所遇到的问题。这是一条铁律。有效的销售策略都遵循这一规律。

要想打造出一套能够完成目标的销售方案(我们称之为"百万美元销售方案",因为它们可以让任何小企业赚到上百万美元),你必须让你的故事具备五大要素,而且你必须按照特定顺序来添加这五大要素。

为了更好地说明这些销售策略的运作方式,并帮助你达成目标,我们决定以彩印方式呈现本章内容。

我们彩色印刷这一章的另一个原因是它可能会吸引一些读者先阅读这一章。先阅读本章也是一个不错的主意。如果你接受挑战,愿意通过运用这一框架来增加你的收入,那么想必你也会愿意将其他五个框架用于发展你的小企业。

对小企业的所有者和经营者而言，学习此框架或许是推动其左引擎加速运转的最好策略。

如果你拥有销售团队，请务必让团队中的所有人都学习本章的"客户即主角"框架，并确保在销售对话、跟进邮件和销售提案中持续使用这一框架。

这一章很特别。如果你需要资金来维持企业生存，那么在学习了这个框架之后，你将获得更多的现金收入。

事实上，你也可以挑战一下自己：请利用我即将介绍给你的框架，给每一个你（或你销售团队）接触过的潜在客户发一封跟进邮件。

跟进邮件是销售的必备工具，几乎每个人都会发送这类邮件。但他们发送跟进邮件的方法不对。你的客户想要听到的是你能够对他们所处的困境做出明确的分析，此外他们也想明确，你们的产品到底如何帮助他们摆脱困境。如果你能把这些事情都说清楚，那你肯定能拿下客户。

仅使用这个框架发送跟进邮件就可以显著增加你的收入，为你提供运营和发展业务所需的现金。

所以在阅读本章之前，请你做出以下承诺：你（和你的销售团队）将使用此框架向与你们有过销售对话的每个潜在客户发送跟进邮件。

请确保使用"客户即主角"框架，并从现在就开始发送跟进邮件，之后你就会看到收入的不断增长。祝你取得预期的成功！

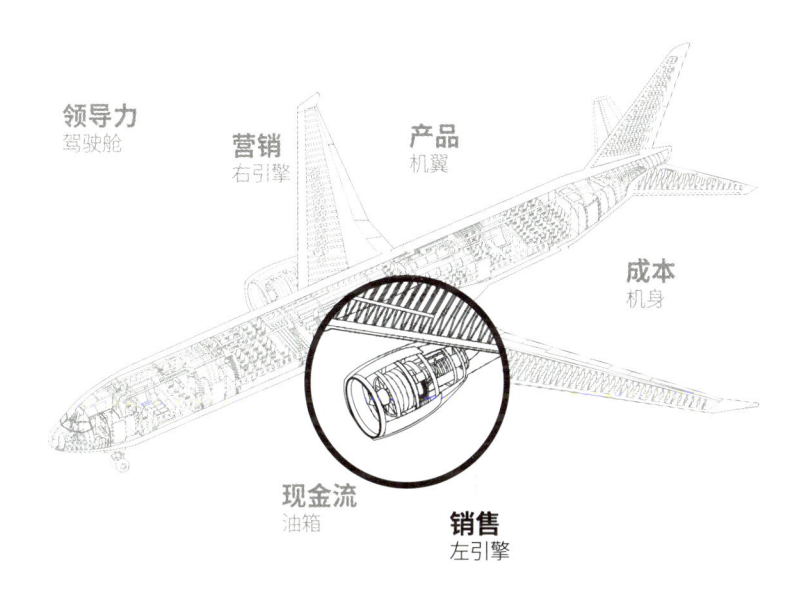

领导力
驾驶舱

营销
右引擎

产品
机翼

成本
机身

现金流
油箱

销售
左引擎

我们的右引擎已经开始产生推力，现在我们可以使用同样的故事框架来启动我们飞机的左引擎。一旦你给飞机增添了销售组件，你就能够使你的空中飞行动力翻倍。

多年来，小企业主一直在要求我们将故事品牌的信息传递框架应用于销售。这是我们第一次向小企业的所有者和领导者介绍我们的销售框架。

每个小企业主和每个客户经理或销售代表都应该学会如

何制作价值百万美元的销售方案。我所说的百万美元销售方案到底指的是什么？我的意思是，无论你的公司是大是小，你都可以通过重复使用一套推销方案来赚取上百万美元。如果你掌握了策划精妙推销方案的诀窍，你就可以为你的小企业赚取数百万美元的收入。

如果你拥有销售团队，你会希望整个团队都理解第三步，因为当他们掌握了百万美元的销售诀窍时，客户会和你的品牌展开更积极的互动，你的销售也会因此增长。

事实上，在这一步的最后，我会要求你使用本章介绍的框架来写作销售信件，届时你就会知道，你在这本书上投入的金钱和时间都是值得的。

小企业的经营者或者所有者很少会觉得自己是销售人员，但事实上，我们所有人都需要承担销售职责。如果我们不能让客户理解我们何以能够帮助他们解决问题，我们的企业就可能会有灭顶之灾。

如果你不喜欢干销售工作，那也不要紧。"客户即主角"销售框架将告诉你的是，你不应该单纯地把销售当成销售，而是要把它变成一个让客户参与其中的故事。

我知道你可能讨厌销售工作，但如果真是这样，那么我们就有必要花点力气来改变你对销售的看法。销售不见得是欺骗或者操纵人们去购买我们的产品，相反，我们也可以只是简单地解释我们的产品将如何解决他们的问题，然后让客户自己做出决定。

销售人员的最大问题在于，有时候我们会觉得他们不够诚实。在和销售人员交流时，我们会觉得他们只是想要赚我们的钱。这种互动让人觉得过于赤裸和虚假，令人厌烦。

举个例子，几年前，我陪着妻子去附近的一家汽车经销店买了一辆汽车。我们在那里待了好几个小时。在浏览了各种车型、试驾了好几辆汽车之后，我们进入了最后的价格商议环节。整个过程非常漫长，其间我甚至出去给我和妻子以及接待我们的销售员买了晚餐。不过我觉得还好，因为在最后，这位销售给我们买的车优惠了1万美元。这位销售在和自己的经理商议了5次并经过一番认真计算之后，我们最终达成了交易。我和妻子非常开心，直到我们回到家里，坐到沙发上并打开电视机。真的，我们几乎是在第一时间看到了我们刚去过的那家经销商的广告。当时我听见这则广告在那里大声地宣传道：任何到店购买新车的顾客，都可以享受1万美元的折扣！

我顿时感到被利用、被操纵了，我真的好蠢啊。我的妻子就在一旁咯咯地笑。她拍拍我的腿，对我说："你真是个好人啊，还请人吃了顿晚饭。"

所以我们应该如何避免让人产生被利用或者被操纵的感

受呢？很简单。不要去利用或者操纵别人。

不要只是简单地在那里推销，而是要让客户参与到一个诚实的故事中来，要让他们能够通过使用我们所销售的产品来解决他们的某个问题。

我在向客户推销时，从不劝他们买这买那。相反，我会把所有的精力都集中在一个问题上：这个客户有我的产品可以解决的问题吗？只有他们面临着相关问题时，我才会向他们介绍我的产品；如果他们不存在相关问题，我决不会卖给他们任何东西。

事实上，客户经常想买我的产品，但我却劝他们别买。这是因为我真不觉得我的产品能帮他们解决问题，而且作为一个小企业主，我承受不起有任何的客户对我的产品不满意。不满意的客户会让你的飞机疾速坠毁。听我一句：千万别向那些没有需要的人销售你的产品。

保持这种克制是有好处的。当我们不再耗费精力去告诉别人他们需要什么，而是更关注他们是否有我们产品可解决的问题时，我们的销售以及客户满意度（以及关于你和你的产品的口碑传播）都会上升。这相当于我们进行了一场价值百万美元的推销活动。事实上，它的价值甚至不止百万。

销售手段不见得非要低俗，事实上，我们完全可以通过向客户清晰地解释产品以及如何解决其问题的方式，来实现业务的增长。

但要想实现这一点，我们就必须进行重大的范式转变。我们应该放弃令人筋疲力尽且充满操纵意味的推销话术，不再想着如何说服人们购买某物；相反，我们要让客户成为主角，让他们参与到我们能够帮他们解决问题的故事之中。

你应该已经看出来，我们其实已经在营销中运用了这一原则。我们已利用故事品牌框架帮助你构建出了可用于营销活动的固定关键信息。当然，那一部分相对简单。只要构建出你自己的关键信息，你就可以在未来的一段时间内，在网站和电子邮件等营销渠道中反复利用这些信息。

但销售是动态的。销售对话可能发生在午餐时间，可能发生在短信的交流中，也可能发生在各种在线视频会议里。在"客户即主角"的销售框架下，我们将学会如何用故事来思考问题。

最伟大的商业领袖、政治领袖和宗教领袖都是杰出的销售人员。事实上，在我看来，理查德·布兰森、特蕾莎修女、奥普拉·温弗瑞、圣雄甘地、温斯顿·丘吉尔以及几乎所有你钦佩的领导者，都天然地掌握了"客户即主角"销售框架。你使用该框架的次数越多，你就越具有影响力，你的销售也会越成功。他们这些人想的是如何把东西卖出去吗？不是的。他们想的是如何解决人们的问题。

那么我们如何才能轻松、自然地做到这一点呢？接下来，我们将使用颜色编码系统来指导大家如何引导销售对话，以使其对每一位客户都有所帮助。

客户即主角：一种专为销售员设计的销售框架

当我们在和客户面对面交流时，或者当我们回复电子邮件时，我们该如何用故事来思考问题？

所有成功销售对话的关键，是我们必须明白，我们并不是故事的主角。我们不能把时间花在自夸上，一秒钟都不行。不论是和潜在客户共进午餐，还是打电话确认或者发邮件跟进，我们都必须牢记，客户才是故事的主角，我们的任务就是积极地解决问题。如果我们在每次和客户的直接交流或者电子邮件沟通中都能牢记这一点，我们就能取得最佳销售效果，就能够引导他们下单购买，并帮助他们解决问题。

这意味着，我们的侧重点应该是识别客户是否具有我们可以帮助解决的问题，而不是说服他们购买他们可能并不需要的商品。

无论你的企业规模如何，一旦你开始"用故事来思考问题"，你的推销就更可能引起潜在客户的兴趣。

泰普尔·丝涟国际（Tempur Sealy International）集团是全世界最大的床垫公司，该公司美国的销售高级副总裁史蒂夫·鲁辛说，在学习了"客户即主角"销售框架之后，他和他的团队都不再向零售合作伙伴"推销"他们的产品，相反，他们会与合作门店进行交流并了解他们各自的目标。一旦了解了零售合作伙伴想要实现的目标，他们就能够帮助伙伴确定实现这些目标所需的泰普尔·丝涟相关产品。

史蒂夫告诉我，在他们之前，从来没有一家床垫公司问过这些零售合作伙伴的目标是什么，或者他们有什么预期。床垫公司更习惯于"利用他们"来实现自己的销售目标，而不是和这些零售商合作，并帮助他们理解和实现目标。后来泰普尔·丝涟发现了这些主角的诉求，并推出了一项旨在帮助这些零售商实现目标的活动，结果所有零售商的销量都上升了。

一旦企业主懂得了客户才是主角，并且能够以对待主角的方式来对待他们，这些企业便能够销售出更多的产品。他们无须推销，便可成功达成销售目标。这一切听上去很复杂，但其实非常简单。要想用故事来思考问题，你所需要做的就是用不同的颜色来帮助你进行思考。

让我来具体解释一下这是什么意思。

多年以前，一家宽带公司找到我，问我能否给他们的销售团队做一下咨询。他们的一项销售任务推进得异常艰难，因为尽管他们整天都在跟客户宣传其产品的各种技术能力，但客户却一脸茫然，他们想要的是一套解决方案，可这帮销售给到他们的却是一道复杂的数学谜题。为了贯彻"客户即主角"这一原则，他们找到了我，让我帮他们看看现在的销售方案到底存在哪些问题。

他们让我评估的第一样东西，是一份价值数百万美元的两页纸的销售提案。这份提案看上去挺不错，各个方面都说得很清晰，但缺了一点东西。它缺少一个故事。这份提案清晰地解释了他们认为客户可能需要的一系列产品，但问题是它读起来平淡无奇，一点都引不起客户的兴趣。

我向销售团队解释了如何通过将客户带入故事的方式来推进销售。几乎所有的故事都遵循着一种结构，那就是主角需要走出某种困境才能过上美好的生活。由于是在Zoom（视频会议平台）上进行的讨论，所以我和他们共享了我的屏幕，并开始使用不同的高亮颜色来分析他们的销售提案。

"所有描述客户问题的文本，我都会用红色来标注。"我说，"所有关于你们的产品能够给客户带来的改变，我都会用蓝色标注。"我接着说道："关于你们谈论自己产品的内容部分，我会用紫色来标注。"

"明白了。"他们说。然后我开始大声地朗读这份提案，并且一边读一边进行标注。当我标注完整个文档时，他们都惊呆了。因为整个文档上只看到了一种颜色：紫色。

他们的整份提案都是在谈论自己和产品，完全没有把产品定义为客户可以用来解决问题并借此过上幸福生活的工具。这完全是站到了百万美元销售方案的对立面。

我们可以很容易地修改这份提案，使之以客户为主角。我们只需要在提案的开篇添加一些关于客户问题的内容（红色），然后在结尾处添加一些关于这一提案会让客户生活发生何种改变的内容（蓝色）。

在我们对这份提案进行了颜色编码之后，我们便可以清晰地发现，我们已经让客户参与到了一个故事之中。这份提案以红色的内容开始，之后逐渐变成一些紫色的内容，最后则以一抹蓝色终结。也就是说，这个提案先是确定了客户的问题，之后将他们的产品描述为问题的解决方案，最后则对客户问题解决后的美好生活图景进行了一番描绘。转瞬之间，我们就有了一份价值百万美元的销售方案。

这个销售团队最后达成了这笔交易，而这很大程度上是因为他们成功地让客户成为主角，并让他们参与到了一个故事当中。

那次咨询也给了我很大的启发，它让我发现，我可以通过创建一个颜色键的方式，让所有人都能开展出色的销售对话，写出精彩的销售邮件，打造出更好的销售提案。我甚至学会了如何在闲聊时"用故事来思考问题"。

完成了对宽带公司的咨询之后，我又在整个框架中添加了更多的故事元素，并对它们进行了颜色编码，如此一来，你一眼就能看出你是否正在把客户置入一个可靠的故事当中。颜色键与故事品牌的营销框架类似，但由于销售框架需要保持活跃和流畅度，因此我对它进行了简化。

理解"客户即主角"销售框架的最佳方式是把它想象成吉他的和弦。每种颜色都是一种不同的和弦，你可以利用它们来创作任何你想要的歌曲。一旦你掌握了和弦，你就能进行艺术创作。你只需在你的文档或在你所进行的对话中运用一些颜色编码，客户便会听到音乐，并且能够清晰地识别出他们即将参与其中的故事。

事实上，如果你想销售出更多的产品，你就应该使用颜色编码的"客户即主角"销售框架，为每一件产品（或至少是最畅销产品）写出一份销售信函。但不要仅仅停留在销售信函上，要在你的销售对话、销售演讲和电梯推销中同样运用这些方法。"客户即主角"销售框架将是你实现更多销售的秘密武器。

小企业领导者学会用故事思考，就相当于给自己的企业的左翼装上了喷气式发动机。如果你的销售团队能够用故事思考，你的飞机将获得更大的推力。毫无疑问，销售额将会因此而增加。

"客户即主角"的颜色键如下所示：

> 客户的问题：红色
>
> 作为问题解决方案的产品：紫色
>
> 三步或四步走计划：棕色
>
> 你正在使客户免于遭受的负面后果：黄色
>
> 客户可体验到的正面结果：蓝色
>
> 你的行动号召：绿色

如果你能在与客户的互动（电子邮件，提案，午餐交流）中包含两种或两种以上的颜色，那么你就是在将客户带入一个故事，他们将更有可能关注到你的产品。如果你能包含三种或四种颜色，那效果会更好。如果你能包括所有这六种颜色，这说明你在甚至没有考虑进行推销的情况下，就已经策划出了一套价值百万美元的销售方案。

颜色键让所有这些都变得如此自然，让你能够不自觉地运用故事来进行思考。

如何使客户参与到故事当中？

假设你在一个鸡尾酒会上遇到了两个工作完全相同的人。他们经营着相同类型的小企业，提供具有相同质量和价格的相同服务。

你和其中一个人聊天，问他是做什么工作的。他回答说："我是一名私人厨师。我提供上门烹饪服务。"

你可能会觉得这个人挺有意思，于是问他是如何进入烹饪行业的。你可能想知道他在哪里学习的烹饪，或者他在城中最喜欢的餐馆是哪一家。你们聊得很放松，甚至可以说是相谈甚欢，但你不太可能去要他的电话号码，并问他是否可以为你做饭。事实上，你永远不会觉得你和你的家人有这方面的切实需要。

然后你又和另一个人攀谈起来。你询问他的职业，发现这个人给出了不同的回答。他说："你知道现在大多数家庭都不怎么在一起吃饭了。即使在一起吃饭，他们吃得也不太健康。我是一名私人厨师。我会上门做饭，这样你和家人就有充足的时间坐在一起，共享一顿丰盛的晚餐。而且用完餐后，我还负责清理桌面，你什么都不用操心。"

这是一种完全不同的问题回答方式！你可能会因此考虑雇用这位厨师，因为他把你带入了一个故事中。

这是一个什么样的故事？在这个故事中，主角就是作为家长的你，你聘请了一位上门的私厨，这样你就不用操心做饭的问题，可以有更多的时间和家人共度美好时光。你听了这个故事，就会有点迫不及待地想让一切都发生在你身上。那你怎么才能变成这个故事的主角？你需要聘请这个人当你的私人家庭厨师。

如何使用"客户即主角"的颜色键来展开销售？

让我们逐项拆解"客户即主角"的颜色键，以分析如何运用这种故事讲述的方法。

如果你只想在销售对话中保留一种颜色，那你显然会选择红色。红色文本代表着客户目前所面临的问题，它比任何其他颜色都更能吸引潜在客户的注意力。

问题是故事的"钩子"。在一个故事中，除非主角遇到问题，否则它很难引起我们的注意。这也是为什么当你在看电影时，你会发现主角通常会很快陷入某种麻烦。当故事讲述者引入了主角的问题之后，一个故事循环就会在观众的脑海中开启：主角能否解决这个问题？

当我们在销售对话中开始谈论客户的问题时，情况也是如此。当我们找到他们的问题时，一个故事循环就会在他们的脑海中打开。当然，唯一能关闭故事循环（解决问题）的是我们的产品或服务。换句话说：他们"上钩"了。

在我们提出客户所面临的问题时，我们的客户便会想知道：你有解决方案吗？你的方案能解决我的问题吗？

为什么我们一定要在销售对话中指出客户的问题？

人类是一部专注于解决问题的机器。我们天生就能够面对和克服挑战。就在我看着我十个月大的女儿学着拿起勺子并把婴儿食品抹到头顶的时候，我知道又一个问题解决者诞生了。有无数有趣且令人兴奋的问题摆在她的面前，而她也将从此走上一条长达一生的解决（并征服）问题之路。

事实上，人类非常热衷于解决问题，如果没有问题，他们就会制造问题。有没有遇到过喜欢挑起事端的人？他们为什么要这么做？他们不过是想找到一个可以讨论、发表意见并试图解决的问题。

再强调一遍，作为人类的我们，着实热衷思考问题和解决问题。出于这个原因，只有当我们将产品同客户问题的解决方案相联系时，他们才会考虑购买我们的产品。除非你的潜在客户将你的产品与他们的问题联系起来，否则他们根本不会考虑你的产品。因此，在销售中，你要做的最重要的事情就是谈论客户的问题。只有这样，客户才能对你的产品产生兴趣。

让我们利用基于故事的"客户即主角"颜色编码来看一下，我们那位成功的新厨师朋友到底说了什么。

"你知道现在大多数家庭都不怎么在一起吃饭了。即使在一起吃饭，他们吃得也不太健康……"

我们的这位厨师开门见山，一张嘴就开启了一个故事循环。他做的远不止这些。他实际上是在筛选客户。实际上，他是在通过"你知道现在大多数家庭都不怎么在一起吃饭了……"这句话，去判断和他对话的人是否存在它的产品能够解决的问题。如果对方确实存在相关的问题，他们就会听他把话说完；如果对方没有相关的问题，他大可随便和对方闲聊几句，然后转向其他人。在销售的过程中，你的主要目标就是判断和你对话的人是否存在你可以帮助他们解决的问题。这里无须强制，无须操纵，无须低俗、胁迫性的谈话。

请记住：任何销售对话都要将确认客户问题作为其首要任务。

将你的产品定位为问题解决方案：紫色

当你把你的产品定位为问题的解决方案时，就会发生一件令人震撼的事情：你的产品的感知价值会出现飙升。

在生活中，我们通常会将价值只赋予一件事情，这就是问题的解决方案。心脏外科医生是潜在致命问题的解决方案，所以我们会赋予心脏外科医生以巨大的价值。我们会因为车辆不安全、不适合孩子乘坐而感到焦虑，这时候一辆安全的家用汽车就成了解决方案。一块劳力士手表则是对地位渴望的解决方案。

说句实话，我们甚至会把我们所爱的人视为问题的解决方案。我的妻子帮我解除了孤独感，并满足了我对浪漫、家庭和冒险的渴望。我会非常看重她的巨大价值，因为她为我生活中的一个大问题提供了一个很好的解决方案。甚至我们的孩子也是一种解决方案，因为他们既满足了我们内心对意义的渴望，也满足了我们愿意为孩子做出牺牲以及从孩子那里得到快乐的内在需求。

请记住：在销售对话中，请务必将你的产品视为问题的解决方案，只有这样，与你交谈的人才会赋予产品更大的价值。

事实上，每当我开始阅读一本非虚构类图书时，我的脑子就会为寻找如下问题的答案而不停飞转：这本书能帮我解决什么问题？如果在读了好几页之后我仍然不能回答这个问题，我的思绪就会飘忽不定，这本书也会不可避免地被我扔到一边。

道理很简单：我们看重的是能够解决问题的人和物。

另一个事实是，产品感知价值的增加或减少，取决于其所解决问题的严重程度。问题越严重，我们就会越看重其解决方案的价值。所以要清晰地阐明我们的产品何以能够解决问题，这对于该产品的感知价值有着非常重要的影响。

让我们再看一下厨师对"你是做什么的"这个问题的回答，看看他是如何将他的服务作为问题的解决方案的：

"你知道现在大多数家庭都不怎么在一起吃饭了。即使在一起吃饭，他们吃得也不太健康。我是一名私人厨师。我会上门做饭……"

当厨师一开始就提出顾客可能遇到的问题，然后立即将他的产品定位为解决方案时，听众就会认为他的服务很有价值。他还开启和关闭了一个故事循环：

"如果我们不再像一家人一样在一起吃饭，那该怎么办？我们聘请这位厨师来我们家做饭。"

在某种程度上，当我们以陈述问题的方式开始故事循环，然后通过将我们的产品或服务定位为问题的解决方案来结束它时，我们就是在把我们的客户带入一个故事。请记住，所谓故事，无非就是一位主人公有所诉求，并且只有克服困境才能实现其诉求。只有当（且仅当）我们的潜在客户存在我们所描述的问题时，一个家庭通过聘请私人厨师来解决全家人无法坐在一起吃饭这一困境的故事,才能成为一个让客户参与其中的好故事。

我们只须采取"客户即主角"销售框架的前两个步骤,就可以实现更多的销售。真的,只要你能够在你的销售邮件、提案、演讲乃至闲聊中使用到一两个红色和紫色的句子,你就能够实现更多的销售。但我们的框架不止于此。我们还可以通过添加另外的颜色进一步让客户参与到我们的故事之中。

帮你的客户制订一个计划:棕色

当你使客户参与到故事之中时,他们其实已经知道你可以帮助他们解决问题。但通常来说,这还不足以让他们马上下单购买你的产品。

我们在讨论故事品牌营销框架时已经说过,客户不太可能下单购买的原因是他们需要为下单承担风险。他们可能会损失金钱。他们会觉得自己像个傻瓜。他们可能会发现产品或服务并不像他们想象的那样符合他们的需求。简而言之,下订单会在某种程度上改变他们的生活,而大多数人都抵制改变。

我们需要细致地考察客户的这种犹豫,并要注意到客户在购买过程中的体验。当客户意识到你有解决他们问题的方案时，他们必须决定是否购买该解决方案，所以，在这一点上，他们可能会出现一定程度的认知失调。这种认知失调会让人感到困惑或担忧，但他们并不知道何以会出现这种情况。

我们可以把客户旅程想象成一场穿越森林的徒步旅行。就在旅程中的此刻，他们的面前突然出现了一条湍急的河流。给客户制订计划好比在客户的问题和你提供的解决方案之间架起一座沟通的桥梁。和之前一样，你可以遵循三步走的计划来构建这座桥梁，客户则可以依据你所提供的计划来购买你的商品，解决他们的问题。

例如，如果我们的厨师朋友在他的客户故事中加入一个三步走计划，则这个计划可能会如下所示：

"你知道现在大多数家庭都不怎么在一起吃饭了。即使在一起吃饭，他们吃得也不太健康。我是一名私人厨师。我会上门做饭。

"如果你想试试我的手艺，过程也很简单。我们先是会开一个 30 分钟的简短会议，我会通过这个会议了解你家人的食品偏好和口味，以及对哪些食物过敏，等等。然后我会去你家做饭。费用大约为 100 美元。如果你觉得还不错，想让我经常上门，那我们就需要协商一下今后的日程安排。"

你看懂了这位厨师的三步走计划了吗？首先，他会召开一个事前会议。然后他会上门做饭。最后，他们和你签订一个长期服务协议。

一旦我们提供了一个三步走的计划，我们的客户就更有可能从他们的问题过渡到我们的解决方案上。

当这位厨师向其客户提供一个分步走的计划时，他实际上做了两件事：

第一，他降低了客户对风险的顾虑。基于厨师已经解释的内容，顾客可能会对这项服务感兴趣，但由于存在太多未知因素，顾客也可能会产生顾虑。厨师多久能上门一次？让他接管厨房会不会让家人觉得很尴尬？厨师能照顾到家人的食物过敏等问题吗？请他来一次要花多少钱？如果家人不喜欢他做的食物又该怎么办？

但厨师提供了简易的计划，他将整个流程分拆成了一系列小的步骤，从而降低了客户对风险的顾虑。

第二，厨师提出的三步走计划，也让客户清楚地认识到了未来会是什么样子。人类不喜欢改变，哪怕是积极的改变，因为改变会带来风险。如果雇用他后，生活不仅没有变好，反而变得更糟，那该怎么办？但厨师通过向客户描绘未来样貌的方式，用一个充满希望的未来愿景取代了客户心中的恐惧。

想想是不是这么一回事。好，现在假设你在销售床垫。

你知道和你交流的客户背部有问题，你也知道他们的旧床垫正在加重他们的背疾。但他们还是不会买你的床垫。为什么？可能有以下几个原因。第一，如果新床垫同样会加重他们的背疾，那该怎么办？第二，他们怎么处理自己的旧床垫？第三，新床垫固然很好，但如果它很快失去弹性变软，又该怎么办？谁知道呢？对客户而言，换床垫的确有很高的风险。

但如果你的床垫销售代表能够提供一个三步走方案，或许能够消除客户在以上所有方面的顾虑。他们只需要对客户说：第一，我们会送货上门。第二，我们会回收你的旧床垫。第三，我们会对我们的产品负责到底。如果在90天之内你对购买的床垫有任何不满意之处，你都可以选择退货，并可使用这笔退款购买我们所销售的任何其他床垫。

请记住这里的关键：当你在客户的问题和你的产品之间搭建起一座桥梁时，你就能够降低客户对风险的顾虑，进一步明晰从问题过渡到解决方案的流程，进而大幅提升客户跨越鸿沟、下单购买的机会。

在阐述三步走或四步走计划时，你一定要向客户解释清楚一点：从开始使用你的产品到解决问题，这个过程其实非常简单。

不要让你的客户站在河边，恐惧地看着河水奔流而过。

要给他们一个计划，在问题和产品之间架起一座桥梁。

我们从问题入手，将我们的产品定位为问题的解决方案，之后又在客户的问题和我们的解决方案之间搭建起桥梁，接下来我们需要做的，是给客户营造出一种紧迫感。

讲清后果，并营造紧迫感：黄色和蓝色

在电影中，人们最希望看到的就是大团圆结局。有情人终成眷属，恶有恶报，正义得到伸张，这样的结局总是能引起我们的欢呼。我至今仍记得，当《龙威小子》中的丹尼尔赢得空手道冠军时，我直接从座位上弹了起来。因为在电影播放的前面一个小时里，丹尼尔不是被恶人暴揍，就是在自己心爱的女孩面前丢尽颜面，这都让我一直紧张得喘不过气来！换句话说，这些精彩的故事情节，让我彻底入戏了。

那些推动观众入戏的因素，同业也可以用于推动客户投入你所创建的故事。

故事讲述者会通过描绘潜在后果来增进受众对故事的参与度，也就是说，他们会不断地提醒受众，如果主角能够完成其面对的任务，他们将得到什么，如果不能完成，他们将失去什么。

如果你仔细看电影，你就会发现，编剧通常会为高潮场景的到来预先埋下伏笔。有时这个场景被称为"必要场景"，

因为这是故事讲述者必须展示给我们的场景。前几天我和家人在看《国家宝藏》第二季。影片开始大约15分钟后，贾斯汀·巴萨（饰演的角色）转向尼古拉斯·凯奇（饰演的角色）说："他们打算窃取《独立宣言》。"尼古拉斯·凯奇则用一种坚毅的语气说："我们要阻止他们。"

于是，尼古拉斯·凯奇试图阻止坏人窃取《独立宣言》这一幕现在变成了一个必要场景。

事实上，编剧通常会先写出必要场景，然后再回头充实整个电影故事的其他部分，这样就可以使得必要场景更能引发观众的情感共鸣。一个好的剧本通常会根据结局进行逆向设计。

同样的道理也适用于销售：你需要预示一个你的客户可能会参与其中的必要场景。

例如：如果你是一名房地产经纪人，你的目标是卖房子，那么你只需找出房主对他们目前房子的最憎恨之处，并向其预示一个关乎问题解决方案的必要场景。你的客户是讨厌主浴室只有一个洗脸池吗？太好了。这时候你就要不断地提醒客户和她的丈夫，早上起来两个人共用一个洗脸池洗漱这件事，简直让人难以容忍。你要告诉她，你的目标就是让她住进一个有宽敞盥洗室和两个洗脸池的房子！

你看明白房地产经纪人是怎么做的吗？他们向客户预

示了一个高潮的场景：购房者站在一间带有两个洗脸池的宽敞盥洗室里。这种愿景会营造出一种紧迫感，让买家想要尽快结束自己脑海中的故事循环，抓紧购买崭新好房。

请记住，必要场景始终都应该是故事中主要问题得到解决的那一个场景。因此，如果你能够认真倾听并理解客户希望解决的问题，然后向他们预示一个使用你的产品或服务解决问题的必要场景，那么客户参与的故事的能量就会转向这个必需的解决方案。

如何通过预示高潮场景来提高客户的参与度？

当你就高潮或必要场景做出预示时，你就创造了一种叫作认知失调的东西，而认知失调正是故事产生叙事牵引力的方式。从本质上讲，认知失调是一种不断累积，直到问题解决后才得以释放的紧张情绪。认知失调并不见得会令人不适，相反，它通常充满乐趣。搞什么名堂，这支球队到底能不能夺冠啊？！

对于我们的房地产经纪人朋友来说，对高潮场景的预示会使得客户产生一定程度的认知失调，而且只有带两个洗脸池的盥洗室才能帮他们解决这个失调的问题。

当经纪人带着客户参观一座座房子时，她会绘声绘色地向客户描述住在这座房子里的美好图景：南希可以拥有一个大大的盥洗室；为了防止宠物走失，后院可以用栅栏围起来，这样吉姆就再也不用半夜出去找狗了；你不用来回爬楼梯也能看管自己的婴儿。一切都很完美。房产经纪人通过对以上三个高潮场景的预示，成功将客户的注意力引向了对三个不同问题的解决方案上。

每当经纪人提到一个高潮场景时，客户都会产生两方面的感受。首先，他们会觉得自己受到了重视。经纪人并没有喋喋不休地谈论抵押贷款利率、橱柜空间和新热水器这三件客户从未提及的事情，而是在倾听并理解客户的心声，并在引导他们朝着其预期的方向前进。其次，客户感觉到，他们可以用一种清晰且可行的方式来结束买房这一故事。

用负面后果强化紧迫感

正面结果并不是你可以用来增加故事紧迫性的唯一工具。当你在销售对话中提及负面后果时，你的销售额会上升得更多。

南希还要继续和丈夫挤在一个狭小的盥洗室里？吉姆还要继续出门找走丢的狗？如果你的客户不购买你的产品，那他们将遭受或者继续承受哪些负面体验？

我们不仅要展示出客户可以获得的正面感受，同时也要详细说明我们的产品或者服务可以使他们远离哪些挫折，只有这样，客户才更有可能下单订购。下面让我们在我们厨师朋友的对话中加入一些有关正面和负面后果的内容：

"你知道现在大多数家庭都不怎么在一起吃饭了。即使在一起吃饭，他们吃得也不太健康。我是一名私人厨师。我会上门做饭。

"如果你想试试我的手艺，过程也很简单。我们先是会开一个 30 分钟的简短会议，我会通过这个会议了解你家人的食品偏好和口味，以及对哪些食物过敏，等等。然后我会去你家做饭。费用大约为 100 美元。如果你觉得还不错，想让我经常上门，那我们就需要协商一下今后的日程安排。

"孩子们马上就要长大成人了，一家人坐在一起吃饭的机会是越来越少了。

"我的客户可以舒心地坐在那里，一边吃饭一边开心地交流。时间一长，他们对彼此也有了更多的了解。他们相互扶持，相互倾听，相互关爱。这一切都是因为他们每周至少有好几天不用操心做饭的事情！"

你看明白这些正面后果和负面后果是如何营造紧迫感的了吗？

在你的销售对话中提及后果，能够让你的客户故事更加吸引人。

接下来我们将讨论最后一个方面的问题，并试着完成一些销售活动。

号召客户展开行动：绿色

顶级销售人员之所以成为顶级销售人员，是因为他们善于争取订单。达拉斯牛仔队老板杰里·琼斯曾说过，做生意有三条规则：第一条永远是让客户掏钱，另外两条他不记得了。

如果你非常善于号召你的客户采取行动，你的小企业肯定会茁壮成长。

尽管如此，大多数小企业主还是不愿意开口要钱。他们觉得这有点俗气，会显得太过于强势。但我们可以换个角度来看待这个问题。当我们向客户提出下单购买的请求时，客户的真实感受到底是什么？

如果你知道客户在被你带入一个故事后的真实想法，你肯定会每次都向客户提出下单购买要求的。不妨看看我自己的一个亲身经历：

几年前，我和我妻子在国外的一个机场等待航班起飞。出发时间还早，于是我们决定四处转转，逛逛机场航站楼里的商场。这个机场很大，中间有一个购物中心。逛着逛着，我不知不觉地走到了一个卖珠宝和手表的柜台前。这几年我一直想给自己买一块好手表。在此之前两年，我公司的收入跨越了一道重要的门槛。我曾经对自己说过，只要公司收入能够达到这个目标，我就会给自己一点犒赏，我要给自己买一件可以戴在手腕上的东西，一块手表。等我孩子长大了，我可以把这块表传给他们。然而两年过去了，我还是没有买手表。我给朋友和团队成员买了不少漂亮手表，但就是舍不得给自己买，我觉得这太奢侈了。我妻子一直劝我买块表，但我总是觉得不合适。

这时候销售人员走了过来，说我有喜欢的可以试戴一下。我告诉他我确有此意，并指向了一块很不错的入门级正装表。当销售人员问我为什么喜欢这款手表时，我告诉他，几年前我公司的收入规模就已经超越了我的目标，但我却一直没有犒赏一下自己。他微笑着对我说，这一切都是我应得的。我谢过了他，但最后还是把手表摘了下来，并跟他说我再考虑考虑。

"所以你不想买这块表？"他说话很直接。

"今天不行。"我不情愿地回答道。

然后他做了一件在我看来非常特别，同时也让我很感激的事。

"唐，你要不要我把这块表包起来，这样你就可以把它带回家，作为你成就的象征？"他笑着问道，脸上的表情就像是在说：我这是在帮你，你要配合我。

我静静地考虑了一会他的这个建议，然后说："是的，我就是这么想的。"当我回到妻子身边，把手表拿给她看时，她惊呆了。"你真的买了！"她惊呼道，"好漂亮的手表。你是怎么下定决心的？"

我告诉她我不知道。当时我确实不知道为什么会买这块表；我真的不知道是什么让我最终下定了决心。现在我知道了，我之所以会选择那块手表，完全是那位销售人员的功劳，是他让我下定决心做我梦寐以求之事，是他让我最终决定要给自己一点犒劳。

你知道吗，我非常喜欢那块表。有一天我会把这块表送给我的孩子或朋友，我会告诉他们创业维艰，但只要你坚持不懈，持续创造价值，你的梦想就一定会实现。

是机场销售人员的专业和自信让我最终采取了行动，我对他的感激无以言表。我一直渴望有一块手表。我缺的不是钱。我只是需要别人的一点帮忙。

有时，你的客户只是想让你批准他们去做他们想做的事情：下订单

兴许你会觉得自己不是一名专业的销售人员，但如果你运营或拥有一家小企业，你应该学会号召客户采取行动，因为这可以显著增加你的收入。

3 销售

卖手表的那位销售人员并没有操纵我。他知道我买得起那块手表，因为我已经告诉他了，我的公司已经发展壮大，而且他也知道，我非常想买那块手表。所以，他号召我采取行动的方式就是鼓励我，让我相信我正在做出正确的决定。他只是想让我知道我绝不会后悔买那块手表，而且他的看法是完全正确的，我真的一点也不后悔。

大多数小企业的领导者都害怕对客户表现得过于强势或专横，他们不敢在销售对话中发出明确的行动号召。但也正因为如此，他们的销售互动往往显得被动无力，比如下面这种情况：

"非常开心能和你交流。如果需要帮助，或者想更深入地了解一些情况，请随时告诉我。"

你的这番虚弱无力的行动号召，在客户听起来仿佛就是在说：

"我不相信我的产品能解决你的问题，但我希望你喜欢我。如果你能可怜可怜我，买一些我们的产品，我将感激不尽。尽管我们的产品可能无法满足你的需求，但我每月都得还房贷，我家里还有孩子要养。"

这种行动号召实在是缺乏自信。

我所谓的有自信，不是说你要对自己有信心。我当然希望你是一个有自信的人，但我并不是说你只有自信才能成为一名优秀的销售。事实上，在销售中，你只要对一件事情保持自信就足够了，那就是你要坚信自己的产品能够解决客户的问题。

如果你不确定你的产品能否解决客户的问题，那请你先不要考虑销售的问题，而是抓紧时间去改进你的产品，持续努力，直至你的产品优于市场上任何同等价格的其他商品。相信不用多久，你就会建立起销售自家产品的自信。

对自己产品的质量有信心的人，绝对不会对客户唯唯诺诺。他们知道自己产品和服务的真实价值。

如果你知道你的产品或服务能够解决客户的问题，那就要自信地号召他们行动起来。

明确表达你的行动号召

小企业主在号召客户采取行动方面所犯的另一个错误是，他们未能明确其行动号召。类似于"你想了解更多吗"或"你有兴趣尝试一下吗"这样的说法，实际上都不是明确的行动号召。明确的行动号召应当明确地让客户知道，他们应当如何购买产品或者开启购买产品的过程。

像"我可以帮您把这个装箱吗"或"我们可以周四到那里安装机器。你今天要买吗"这样的表述则不会让客户感到困惑。一个好的行动号召绝不是要让客户去思考该做什么，而只须让客户做出一个接受或拒绝购买的决定。

仍以我们的厨师朋友为例：

"你知道现在大多数家庭都不怎么在一起吃饭了。即使在一起吃饭，他们吃得也不太健康。我是一名私人厨师。我会上门做饭。

"如果你想试试我的手艺，过程也很简单。我们先是会开一个30分钟的简短会议，我会通过这个会议了解你家人的食品偏好和口味，以及对哪些食物过敏，等等。然后我会去你家做饭。费用大约为100美元。如果你觉得还不错，想让我经常上门，那我们就需要协商一下今后的日程安排。

"孩子们马上就要长大成人了，一家人坐在一起吃饭的机会是越来越少了。"

"我的客户可以舒心地坐在那里，一边吃饭一边开心地交流。时间一长，他们对彼此也有了更多的了解。他们相互扶持，相互倾听，相互关爱。这一切都是因为他们每周至少有好几天不用操心做饭的事情！"

"下周四我就有时间，我们可以就上面做饭的事情先沟通一下。你们有没有兴趣？"

一旦我们的厨师朋友给了客户一个接受或拒绝购买的决定，顾客就会确切地知道他们需要做什么来解决他们的问题，并决定是参与厨师所设定的故事还是另寻他途。

即使被拒绝，那也不是世界末日

当然，如果你只让客户做出接受或拒绝的选择，那么在你能做出强有力的行动号召之前，你可能会得到比往日更多的拒绝。这让人难受，但也是你必须面对的现实。无论你怎么费尽口舌，很多人还是不打算购买你的产品，而他们的拒绝显然会让你感到难过。

但这也不是什么大不了的事儿。如果我们的厨师朋友被拒绝，他大可以做出如下反应："如果你知道有谁需要私人厨师，还烦请告诉我。我还可以接两个家庭的活。好了，咱不聊这个了。你是做什么的来着？"

到了这个阶段，你已经把整个想让客户参与的故事讲得非常清楚了，没有必要再做进一步的推销了。销售的关键是清晰明确，而不在于强迫。你可以通过改变话题，把重点转向谈话对象的方式来缓解被拒绝带来的不适。接受拒绝而又不使气氛尴尬的关键在于，作为销售人员的你，千万不要让不购买你产品的客户感到为难。当与你交谈的人发现你没有因为被拒绝而感到有任何不适时，他们才会完全安心。事实上，他们会更加尊重你，因为和大多数人不同，你敢于说出你的诉求。被拒绝是生活的一部分，而且说实话，大多数成功人士根本不在意这个。而且客户其实并没有拒绝你，他们只是说他们没有你能够解决的问题。这不见得是个坏事。起码如果他们真的遇上了问题，他们现在知道该找谁了。更重要的是，如果有朋友遇到了问题，他们会把你介绍给他们的朋友。

好消息是，在你的谈话要点中加入强烈的行动呼吁，即使你会比以前更容易被拒绝，你也会比以前卖出更多的产品。因为你明确地发出了行动号召，更多的人会决定购买你的产品，你的左引擎会产生更大的推力。事实上，你会发现，当你明确地号召顾客采取行动时，你的销售额会大幅增长。

同样是销售优质的产品，有的小企业主做得很成功，但有的则不尽如人意。这主要是因为成功的企业主会尽可能明确地发出行动号召。

牢记你的行动号召

明确的行动号召不会自然而然地出现。当我们在要求客户下单时，我们难免会有点胆怯。

在学习了颜色编码的"客户即主角"销售框架之后，你就可以开始让顾客参与到你的故事当中了。但我们不能生搬硬套，在我看来，这个框架中只有一个部分的"台词"是可以反复使用的，那就是关于行动号召的部分。

开口要求别人买你的东西可不是一件容易的事情。然而，如果你能记住你的行动号召并将其作为你推销的固定台词，你会发现它非常有效，而一旦你发现它很有效，你就会更自然地利用它进行推销。

我猜机场珠宝店的那个人肯定对成千上万的人说过"你要不要让我帮你把它包起来,这样你就可以带着它上飞机了"这句话,而且很多人会像我一样,做出了肯定的回答。虽然说的是一句重复了千万次的台词,但我仍然要对那位销售表示感谢,因为我喜欢那块手表,并且很高兴能够拥有它。

你需要记住你的行动号召,比如下面这种:

"我们可以这周六就上门帮您修剪草坪,之后每周都会去帮您打理庭院。您需要我们周六就去您家吗?我们可以把发票放在您家的邮箱里。"

任何园艺师都可以对客户不断地重复这一段台词,这一定能够强化他们的左引擎,促进业务的快速发展。

如果你的产品质量过硬,你就要对你的产品有信心,你就要号召客户采取行动。

一旦你学会了如何用我在本章中介绍的六种颜色把客户塑造成主角,你就可以很轻松自然地创建出价值百万美元的销售方案,从此无须为了推销而头痛。有了这种"推销方案",我们的厨师朋友可以在短短几年内轻松赢得数百万美元的烹饪和餐饮业务订单,如果他们能将业务扩展到其他城市并聘请更多的厨师加入他们的团队,他们的业务规模会变得更加庞大。这个框架无关乎胁迫,它甚至无关乎销售;它强调的是明确程度。再强调一次，一旦客户理解了你的产品何以能够解决他们的问题，他们就会下单。

通过让客户成为主角来强化你的左引擎

几年前，当我的业务规模还小得多的时候，我曾考虑聘请一名全职销售代表。我们业务是通过销售漏斗发展起来的，在寻找和服务客户方面没有任何问题。因此，雇用销售代表似乎并无必要。

然而经过一番思考之后，我意识到，销售代表通常只领取很少的底薪，其主要收入来自销售佣金。如果处在打造飞机的阶段，那么雇用销售代表是一个不错的主意，因为这意味着你可以节省自己的开支（在这种情况下主要是工资支出），只有在销售额达到足以产生佣金的水平时，开支才会增加。于是我决定聘用一名销售代表。

事实证明，这是我做过的最英明决策之一。我的新销售代表以客户为主角，其实现的销售额与我通过销售漏斗完成的销售额不相上下，这几乎使我们的收入翻了一番。

如今我们已建立了一支小型销售团队，他们的销售业绩仍然占我们总销售额的 50% 以上。 现在我们的左右引擎都推力十足，不仅如此，由于我们能够从销售团队那里源源不断地获得客户的诉求反馈，我们具备了不断开发新产品的能力，而这又反过来扩展了我们这架飞机的机翼强度和尺寸。

如果你已经有了客户喜欢的产品，并且考虑雇用销售代表，那我建议你赶紧行动起来。只要确保他们知道如何让客户成为故事的主角，飞机的左引擎就一定能帮你们飞得更远更快。

还没做好雇用销售代表的准备？没关系。你可以通过完成一项小小的挑战来进一步理解"客户即主角"销售框架的力量：利用该框架写一封销售信函，并借此实现数千美元的业务收入。

我们在小企业盈利计划中提供了一个框架示例，你可以利用它来创作用于销售信函的精彩对话要点。你是否遇到了难以成交的交易？现在有没有一种产品，可以让你用销售信函的方式向你邮件列表里的所有潜在客户进行推销？

我希望你现在就静下心来，使用我提供的框架写一封销售信函，达成几笔交易，为你的运营账户多增加几千美元的收入。当你这么做的时候，你就能认识到，强化你的右引擎并让业务重新实现增长，其实是一件非常简单的事情。

接下来，我们将讨论你的左右引擎到底是在销售什么产品。让我们来优化你的产品提供，以让你的飞机获得更大的升力。让我们来考察一下你飞机的机翼。

3 销售

4

产 品

PRODUCTS

STEP FOUR

第四步：机翼

优化产品开发和供给，提升盈利能力

步骤四将帮助你解决如下问题：

- 你不确定你的哪一款产品为你带来了最多的利润。
- 你有机会利用一种新产品来提升你的盈利能力。
- 客户对你的产品越来越反感。
- 你在某产品上费尽心力，但该产品推出后却没能畅销。
- 你迫切需要更多的现金流。
- 你没有建立向现有客户追加销售产品的流程。

领导力
驾驶舱

产品
机翼

营销
右引擎

成本
机身

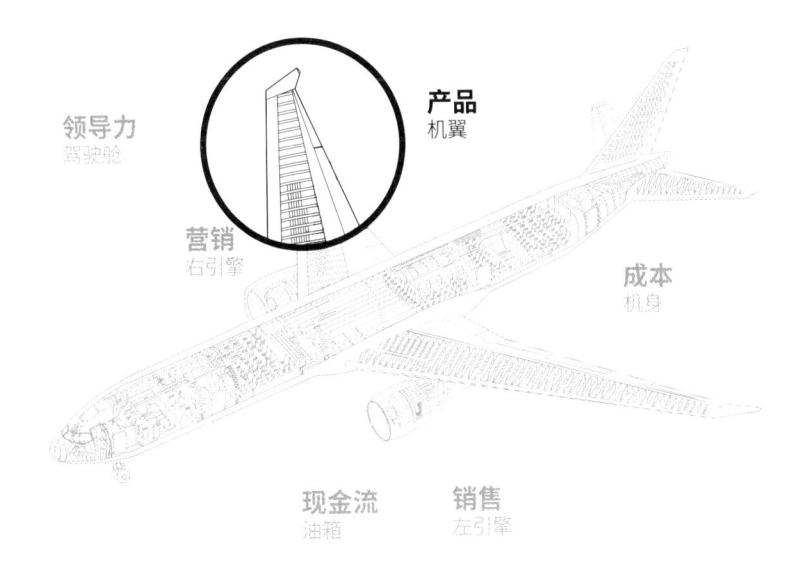

现金流
油箱

销售
左引擎

飞机的升力来自哪里？机翼。如果没有一组强大的机翼，左右引擎的功率再大也无法提供升力。你的营销和销售引擎只有在有可供销售的产品时才能发挥作用。这个产品是什么，它是怎么诞生的，它是否和其他产品捆绑在一起，以及这些产品的利润如何，这些都影响着你的小企业的成败。

小企业所销售的产品也是如此。只有当你的营销和销售引擎能够推动产品时，你的业务才能腾飞。因此，正如机翼会影响到飞机，我们选择创造和销售的产品类型也会深刻影响我们的业务发展。如果产品没有需求，不能创造利润，那就好比飞机没有强大的机翼。这样的飞机能飞吗？肯定能。

但前提是营销和销售引擎要足够强大，能够克服机翼面积过小所导致的升力不足的问题。

当你根据需求和盈利情况优化你的产品提供，并优先生产能够创造更大升力的产品时，你就是在扩大和增强你飞机的机翼，以使其能够更轻松地在空中翱翔。

如果你必须在 6 个月内将目前的收入增加 25%，你首先会采取什么措施？你可能会升级你的营销和销售引擎。这有一定的道理。如果左右两个引擎能够有更强大的动力，飞机就会飞得更快。但是，如果我排除这些选项呢？如果你必须将收入提高 25%，并且不允许从强化营销或销售引擎方面着手，那你该怎么办？ 如果是这样的话，你就只有一个选择，一个大多数小企业主都会忽视的选择：优化你的产品提供。

我们在思考业务发展时经常会忽略产品的优化问题。这是错误的。你应该通过优化你所销售的产品来提升产品的需求和盈利能力，这将为你带来成千上万甚至上百万的利润。

最近，我通过我的播客和两位在盐湖城开办舞蹈工作室的女性进行了交流。在谈到如何增加收入问题时，这两位女士说，她们希望新开一家连锁店。你知道当她们这么说的时候，我听到的是什么？我听到的是她们在说："赶紧让我的飞机机身膨胀起来！"这种方式当然能够扩大收入，但问题是，开新店也会增加大量的额外成本。

我问她们最赚钱的产品是什么,她们告诉我说,首先是一项针对小孩子的初级舞蹈课程,其次是霹雳舞(众所周知,这很快会变成奥运会项目),然后还有其他一些课程。

"霹雳舞课程是怎么收费的?"我问。

"六节课收 250 美元左右。"

"这是一个为时六周的课程,对吧?"

"是的,我们的老师需要教六节课,每节课 90 分钟。"

在她们告知我每位老师的工资以及每节课的报名人数之后,我意识到她们其实不怎么挣钱。尽管如此,她们觉得能够扩大收入的唯一方法,就是复制她们当前的模式,在另外的地方开设新店。

大多数小企业主都会这么想。这当然不是个坏主意,但绝对不是最好的主意。

在讨论如何优化产品的提供时,我们真正关心的问题其实是:我怎么能够基于目前的努力程度,去创造出 2 倍、5 倍甚或 10 倍于当下的收入?

这是不是听起来很疯狂?其实一点也不。你所要做的,无非是搞清楚如何用现有的努力,去为客户创造当下 2 倍、5 倍甚或 10 倍的价值。

在持续的交流中,我又问这两位企业主,她们是否留意过社交媒体上的舞蹈热潮。你知道我在说什么,社交媒体上的视频,几乎有一半都是个人、家庭甚至一群人在跳舞。

"你们能不能做这个?"我问,"你们能不能去企业教它们的员工跳舞,然后帮它们录制现场视频?你们可以向每家公司收取1万美元。这行得通吗?"我问道。

"没什么难的,我们就是干这个的,我们就是教人跳舞的。"她们说。

"没错,"我继续说道,"如果教小孩子跳舞,你们只能在六周内赚到250美元,而且你们还必须支付场地租金等费用。但如果你们教一个企业团队跳舞,你们肯定能赚得更多。现在企业都在想方设法搞团建活动。而且,如果你们在他们的工作场所拍摄舞蹈视频,他们就可以把它们上传到社交媒体上,成为一支很棒的广告。这也会是一个很好的招聘工具,因为人人都希望在一个充满有趣文化的地方工作。"

请思考一下我们刚才做的事情。我们为开舞蹈工作室的朋友找到了一种做同样的工作却能多赚5倍甚至更多的方法。对于大企业来说,跳舞既是一种节省成本的团建活动,又是非常好的广告和招聘工具。相对于这样的价值,1万美元可以说是相当便宜了。而与此同时,舞蹈工作室也在没有增加产品成本的情况下,大幅提升了产品本身的价值。

我播客的另外一位嘉宾,是一位来自芝加哥的婚礼策划师。她的难题在于分身乏术,无法实现业务的复制。她针对一场婚礼的收费相当高，但问题是她只有一个人，因此其扩张业务的能力受到了严重限制。在采访中，我们为了优化她的产品，提出了一个名为"策划你自己的婚礼"产品构想。只要出5000美元，结婚的新人就可以从她那里得到一份详尽的婚礼策划清单，他们可以根据这位婚礼策划师提供的视频，按部就班地对婚礼场地、餐饮、鲜花甚至鸡尾酒配方等做出详尽的安排。除此之外，客户在报名参与该项目之后，每周都可以按组的形式，与这位婚礼策划师会面90分钟，后者会回答他们的提问和解决他们的疑虑。通过这种方式，我们的婚礼策划师就从每次只能策划一场婚礼，变成了每次能够策划10~15场婚礼，而这只需要她每周付出90分钟的时间。她现在只需要用以前筹划一场婚礼所用时间的零头，就能够策划出10场婚礼。另外，参与该项目的客户还可以通过进一步付费的方式，获得该婚礼策划师的个性化服务。

另一个扩大飞机机翼的方式是推行礼宾服务。我曾经有一名私人医生，他通过收取月费的方式把我变成了他的会员。他承诺会减少客户的数量，同时增加对每一位客户的服务时长。我每次去见他都是要花钱的，但也正是因此，我每次都可以在他办公室坐一个多小时，和他畅谈饮食、锻炼、健康趋势和家族史等话题。我从来不用着急。收费高吗？确实高，但因为我非常关心自己的健康，希望自己能活得更长久，所以对我而言，这笔钱花得挺值。

有没有可能让飞机的机翼变得更结实、更轻巧、更宽大？对几乎所有读这本书的人来说，答案都是肯定的。你可以为提供更专注的服务而收取额外费用。你可以将各种产品捆绑在一起，创建产品组合。你可以通过网络来传授知识，通过群组方式向人们提供指导服务。你可以按月收取信息访问费用。即使你代理的是别人的产品，无权对产品进行修改，这也不妨碍你采取按月收费的服务方式。

那么，我们该如何优化我们的产品提供？

你可以通过三个步骤来优化你的产品。首先是评估你产品的盈利能力。在这个步骤中，你要仔细审视你目前的产品提供，并完全彻底地了解是哪些产品在给你赚钱，又是哪些产品在拖累你。这个步骤会帮助你集中营销和销售精力，以获得最优利润。

第二是开展关于产品的头脑风暴，看是否能找出可带来更多收入和利润的新产品。这一步骤能够扩大你机翼的表面面积。

第三是用产品概要来决定你应该创造什么样的产品以促进业务增长。产品概要是一张每当有关于新产品的点子时填写的表格。这个表格能帮助你认识到新产品是否是一个好的创意，或者你是否应该为推出该产品而投入宝贵的时间、成本和精力。

一旦你开始定期执行以上三个步骤,你就会使你的机翼更具升力,你的整个飞机也将因此得到改进。顺便说一句,以上这几个步骤,也是许多 10 亿美元级企业的秘密武器。为了能够保持竞争步伐并满足客户不断变化的需求,这些企业的研发部门、董事会和委员会等都在致力于持续不断地打造新的更好的产品。即使你是一家小公司,你也可以通过实施类似的流程来优化你的产品,增加收入和利润。

第一步:评估产品的盈利能力

身处日常企业经营的旋风之中,我们经常忘记了到底哪些产品是我们的利润来源,哪些产品让我们的飞机不堪重负。销售不能盈利的产品,就像是把一块小木板当成飞机的翅膀,你的飞机不可能获得任何升力。事实上,任何不赚钱的产品都会给你的飞机带来严重的阻力,同时也会给你的左右引擎造成压力。为了让你的飞机机翼能够保持轻盈和坚固,你的产品必须有盈利能力,有旺盛需求。

有时候我们确实会亏本销售某些产品,但这么做是为了吸引客户,让他们购买我们利润更高的产品,而且这些情况都属于例外。

我们为了使飞机机翼更加轻盈和坚固而采取的第一项行动,是按照盈利能力的高低对我们的产品进行排序。这么做是为了让我们能够清晰地了解到底哪些产品才是我们的主要收入来源。

如果你经营的是一家销售上百甚至上千种产品的零售商店,那么这一步骤可能相当复杂。尽管如此,你还是能够比较轻松地列出前50种最为畅销的产品,而且你有可能会发现这些产品的销售额会占到你全部收入的50%~80%。

作为一家小企业的所有者,评估产品盈利能力有两个十分重要的意义:首先,它会告诉你你的主要收入来源是什么;其次,它会告诉你你应该在哪些方面投入更多的营销和销售精力。

在对产品的盈利能力进行排名时,你应当考虑如下几个问题:

(1)*产品原材料的成本是多少?*

(2)*和该产品创造、营销以及销售相关的直接劳动成本是多少?*

(3)*产品是否已经过期?如果存在这个问题,则过期和未售出的库存产品将如何影响产品的成本?*

你需要关注的，是产品最终销售价格同该产品生产、支持以及销售成本之间的差额。这和"销售成本"概念略有差异，但其逻辑是一致的。

需要注意的是，这不是正式的会计操作。你不用把这张表格交给政府，甚至也不用交给你的会计师（尽管让会计师提供一些意见也不见得是个坏主意）。这纯粹是为了了解你公司的收入来源。

以下是评估产品盈利能力的过程和步骤：

（1）在白板或者白纸上面列出你所有在售的产品。如果你是一位销售数千种产品的零售商，你可以只列出你最重要的50种在售产品。

（2）将这些产品按盈利能力做简单排序。

（3）做好尽职调查，确保你所列清单的准确性。也就是说，你要切实搞清楚你各项产品的盈利能力。

尽量让你的领导团队都参与到这一活动中来。不过要注意，你的团队可能会对产品的盈利能力有着不同的看法。

请使用小企业盈利计划中的产品盈利性审计表来开展评估。

产品盈利性审计表

产品名称	生产成本	销售和营销成本	分销成本	额外支持成本	单位总利润

在知道了每种业务的盈利水平之后，我们就需要思考如下几个更难回答的问题了：

（1）有多少资源被用在了生产、营销和分销利润不高的产品上？

（2）我们能否停止销售其中的一些产品？

（3）营销和销售资源的分配是否和我们产品的盈利能力相匹配？

（4）我们应当如何更好地分配营销和销售资源，以扩大高利润产品的销量？

销售更多已经在售的成功产品

作为小企业主，我们经常错误地认为，不断创造和销售新产品是我们扩大企业收入的必需途径。这个逻辑也不是没有道理。我们推出一款新产品，然后这款产品开始畅销，我们也借此获得了正现金流，于是我们便希望能在其他产品上复制这种成功，如此循环往复。

但只有当我们达到市场饱和时，上述逻辑才有意义。事实上，大多数小企业的市场并未达到饱和状态。

如果我们还有卖出更多高利润产品的空间,那么我们不妨在研发和推出新产品之前,先在这个方面努力一下。换句话说,我们可以做点锦上添花的事情!

扩大公司营收可能并没有你想的那么复杂。你的宠物店是不是从某品牌的狗粮销售中赚到了很多钱?如果是的话,那你就应当加倍扩大对该品牌狗粮的销售。你应当把它放在超市的端架上,你应当通过电子销售邮件着重推荐该狗粮品牌,你应当把它放在橱窗的最显眼位置,你还应当让你的销售团队向前来买宠物咀嚼玩具的所有人推荐这一品牌。

如果你是以专营某类产品而闻名,那么你销售更多此类产品的难度,要远远低于你销售其他产品。当然,这并不是说销售其他产品一定不会取得成功,只是相比之下,销售更多已经在售的产品会更加容易一些。

放弃那些无法盈利的产品

我们一方面要强化对已有成功产品的销售,另一方面也要学会放弃那些无法盈利的产品。

这当然不是一件容易的事,有时候甚至未必明智。一包口香糖可能赚不了多少钱，但来商店买口香糖的人通常也会买一大杯软饮料，后者的利润率其实非常高。除了可以考虑放弃一些让你亏钱或者赚不到多少钱的产品，你还应该放弃那些牵扯了你太多思维精力和财务资源的产品。如果你砍掉这些产品，转而把营销重点放在已有的成功产品上，你的业务会出现什么变化？

故事创作中有一句名言叫作"杀死汝爱"，这句话也同样适用于商业。这句话促成了众多文学杰作的诞生，同时也会对你的业务发展大有裨益。

如果你能够削减产品数量并简化你的产品提供，那你应当马上行动起来。这一点再怎么强调都不为过。

第二步：提供具有盈利性的新产品

当你不再把宝贵的营销和销售资源花在不能带来利润的产品上，而把这些资源重新分配到能让你赚钱的产品上时，你的飞机机翼就会变大，飞机就会产生更大的升力。在第一步中，为了优化机翼的性能，我们提出要对产品的盈利能力进行排名，并将更多的销售和营销资源倾斜到已有的成功产品上。到了第二步，我们的重点则转向创造更多新产品。这些新产品应当和目前在售的成功产品一样有利可图，甚至需要具备更高的盈利性。

当你在构思新产品时，你需要首先考虑如下问题：我可以通过什么样的产品来为我的客户创造最大的价值？

人们愿意为很多类型的产品支付溢价，但大多数成功企业会从以下六个角度来考虑如何扩大产品的类型，相信你也可以从中获得有关于提供新产品的启发：

赚钱：如果你销售的产品能够帮助人们赚钱，那么它就会有价值。例如，如果你出售的是特许经营权，那么你实际上是在出售一家人们可以经营并从中赚取丰厚利润的企业。如果你做的是产品批发生意，那么你就是在帮助那些零售商赚钱。财务建议、专门辅导和销售代理都是帮助其他人赚钱的产品或服务。市场营销和广告则是人们为了获得经济回报而进行投资的突出例子。如果你销售的是能够让人们更好地呈现你的品牌的认证，或者是关于如何投资或销售的培训，你就可以收取溢价。因为归根结底，你的客户是在进行一种可以从中获取丰厚回报的直接财务投资。

省钱：如果你的产品能够为客户省钱，那么他们也将把节省下来的部分资金转移支付给你。例如，如果你销售的太阳能电池板能够在未来几年内为你的客户节省数千美元的能源支出,那你就可以为此收取的一定比例的节省费用。如果你能够促成交易并为客户节省了资金,你就可以从节省的钱中收取一定比例的费用。

减少挫折感:如果你的产品能够减轻客户的压力和焦虑,你的产品就好卖。人们愿意用金钱来换取内心的平和、镇定以及果敢。时间、组织或知识的缺乏往往最能导致人们产生挫折感。像遛狗这样简单的服务以及心理治疗或咨询服务等都属于这一类别。

彰显地位:如果你的产品非常奢华或者稀缺,人们就会购买你的产品。劳力士手表的质量和许多其他手表并无多大差别,但人们会为了彰显自己的地位或者成就而购买劳力士。豪车、顶层套房,甚至是餐馆里一张别致的桌子,都是能够制造优越感的高档产品的例子。

创造连接:如果你能创建一个由志趣相投者组成的社区,你就拥有了一个人类渴望的绝佳产品机会。人类渴望与经历过相似挑战或有着类似抱负的人建立连接。这是一种宝贵的商品。

提供便捷:当客户遇到问题时,他们不只是想要解决问题,而且想要尽可能简单便捷地解决问题。如果你提供的全方位服务能够通过便捷的支付或订阅方式来解决客户的问题，你就拥有了一款伟大的产品。大多数订阅服务都属于这一类。你帮我修剪草坪或整理书，也是在为我的生活提供便捷。我会为这种便捷支付溢价。

三个可以迅速启动的可靠盈利模式

我刚刚介绍了六种始终具有需求的产品提供路径，现在我们需要确定的是，我们应如何将其包装成能够创造最大价值的产品，以及如何借此来尽可能地提升我们企业的利润。我在此列举三种好的盈利模式：

订阅：无论你销售的是纸巾、财务建议、宠物食品，还是人类食品，你都可以把你的产品销售转化为每日、每周或每月订阅的模式。让客户来决定他们想要每隔多久会收到一袋40磅（约18千克）的狗粮，我们要做的就是按时送达。这会让客户感受到难以置信的便利，而你则可以借此获得源源不断的收入。

认证：如果你正在销售一项专业知识，你可以考虑以认证的形式来进行业务复制。是的，你可以在几乎所有可用于小型（或大型）业务的专业知识领域对别人进行认证。在过去的二十年里，你有没有给想成为家庭园丁的人做过咨询？你可以利用你的专业知识向别人发放家庭园艺顾问认证。

一揽子交易：通常而言，客户不仅仅是要来买你的产品，他们还想找你解决问题。例如，如果你经营着一家销售贺卡、纸制品以及派对用品的商店，你可以考虑推出一个包括横幅、纸盘、帽子等商品的"儿童生日派对套餐"。前来购买气球和横幅的客户会发现，他们只需一次简单的购买就可以解决所有问题（我该如何装饰孩子的生日派对？）。如果你想要创建产品套餐，你可以从客户求助于你的三大问题入手，并围绕这些问题创建一揽子交易。例如，宠物店可以推出"新汪套餐"，而"最佳情人节"这样的旅行套餐则适合几乎所有的旅行社。请尽情地发挥创意。一定要记住，你的客户并不是来找你购买产品的，他们是来找你解决问题的。将问题解决方案打包交易，将非常有助于你的销售增长。

第三步：落实产品概要策略

经营一家小企业的好处之一就是你可以快速地将决策落地。昨天还不存在的服务今天可能突然出现。大型企业会深陷各种委员会和市场测试的泥潭，但你不存在这个问题。

我有一个不太好的消息要告诉你，但这也可能算是个好消息，这取决于你怎么看这个问题。这个消息是这样的：任何产品创造的结构化流程都不是无缘无故出现的。当公司规模逐步扩大，无拘无束的创业精神会拖慢你的前进速度，这是因为随着公司成员的逐渐增多，公司在转向时也会越来越吃力。当企业规模扩大时，那些具有远见卓识的领导者所开展的快速决策，往往会导致团队中的很多人找不到前进方向，他们会倍感困惑和受挫。

如何克服这个问题？那就是要启用产品概要策略，即使你经营的只是一家小企业。

作为一名不受拘束且目光远大的企业家，你可能会觉得搞产品概要这种东西简直就像是把糖浆倒进发动机，根本毫无益处。我能理解这样的想法。当年我们开始使用产品概要时，我也曾觉得这样的流程肯定会把一切搞砸，拖累我们的前进速度。但我想说的是，产品概要的目的其实是为了制造质疑。事实证明，质疑是你的朋友。如果你和团队的创意能够经受住产品概要的质疑，那么你们的创意就更有可能落地并最终对企业的利润产生积极影响。相反，如果不依靠产品概要来对创意进行质疑，那么你很可能会让糟糕的产品大举流入市场，而这最终会拖累你的业务。

填写产品概要表意味着你和团队启动了一个尽职调查的流程。你们需要在产品或服务发布之前，花费一到两周的时间来推进这一流程。其间，你和/或你的团队会分析新的产品创意是否会干扰现有的收入流，是否会给客户造成困惑，是否具有盈利性及可持续性，以及是否会导致支出大幅增长（机身膨胀）等弊大于利的情况。

在这里，我想奉劝那些喜欢快速决策和亲力亲为的人士：放缓脚步并实施产品概要策略或许会让你的业务增长得慢一点，但它却能让你的企业获得长期成功。

快速决策或许能让我们感到无拘无束，但事实上，它也会让我们在前进的过程中产生大量的挫折。如果我们心血来潮想要打造一款"新产品"，但一周后却改变主意，甚至在一个月后把这件事忘得一干二净，我们其实是在耗散整个团队的精力。不仅如此，没能静下心来认真分析计划并对其潜力进行尽职调查，这其实是一种缺乏经验的表现。如果你想卖掉你的公司，投资者和买家不用两次分析会就能闻到你身上的业余气息，他们会意识到你公司的现有流程完全取决于你，根本无法复制。这显然会使你的业务贬值。

如果你想实现运营的专业化，你就必须执行产品概要流程。

我认识一位因为过于我行我素而把整个团队都惹毛了的老板。他的团队给他写了一封联名信，批评他过于随性，朝令夕改，实在是难以配合。这些人还提出了许多优化工作流程（以更好地为这位老板服务）的意见。这位老板不仅不接受意见，还把他们全部解雇了。很多人已经忠心耿耿地跟了他十多年。直到如今，他仍然不跟他们说话。现在围绕在他身边的是一群顺从的奴仆，他们工资很低，而且因为担心遭到老板的报复，从来不敢提出真实意见。结果就是这位老板频频被自己各种无法实现的诺言打脸。他的生意也停滞不前。尽管他所从事业务的潜在规模高达上亿美元，但他的公司的收入却总是无法跨越三四百万美元的门槛。

控制欲强的领导会讨厌产品概要流程。我非常清楚这一点，因为我以前也是一个喜欢亲力亲为的人。说实话，要不是我后来发现我的团队成员比我更聪明，比我更擅长和客户打交道，而且比我更擅长从过往错误中吸取教训，我可能现在仍然是一个控制狂。我之所以接受产品概要，并不是因为我是一个好的老板和企业主（尽管我希望自己是），而是因为它是一项建立更卓越、更赚钱业务的基础流程。

比如，我可能会从产品概要中得出这样的结论：如果我们实施了拟议的想法，我们可能无法落实年初的主要目标计划，而且还会让客户对我们的身份和产品定位产生困惑。更糟糕的是,这个新的想法还会牵扯我们的精力,让我们无法全力投身于最具盈利性产品的创造。

当然,有时候产品概要也会起到锦上添花的作用,起到进一步完善某些优秀创意的功效。

所以请记住:在花费时间和金钱(各种开支)将产品推向市场之前,一定要通过产品概要来获取有价值的反馈。

得到负面反馈并不意味着某个想法就一定要被雪藏。通常情况下,这些批评或阻挠意见其实是一份有关于潜在风险的列表,你在启动项目之前应首先去弱化这些风险。

每一个新的想法,无论其关乎产品、服务还是营销计划,都是撑起你业务大厦的一块砖。如果你急功近利,你的大厦确实有可能建造得更快,但许多砖块也会因为烧制不透而出现断裂的情况。产品概要确实会给人一种减缓企业日常运作速度的感觉,但实行产品概要策略会让你的企业会变得更加强大、更加可靠。

当工程师在设计飞机时,他们会先在风洞中测试机翼设计,然后再将其安装到飞机上。任何对设计的轻微调整都可能有助于提高燃油的经济性,增加升力以及减少阻力。但如果没有风洞,他们就得先把整架飞机造出来,然后再来测试机翼。但这种猜测式的方式会极大提高飞机的制造成本,因为一旦出错,整架飞机都需要重新设计制造,或者更糟糕的是，整架飞机都会彻底报废。

所以，在推出产品之前，请一定要先让它通过产品概要的风洞测试。

将产品概要运用于所有重要活动

产品概要的作用并不限于产品。在我的公司，我们不仅会使用产品概要来评估新产品，我们还会用它来评估新的营销活动。在没有使用产品概要时，我指挥我的营销团队做了不少失败的营销，现在想来，要是我们能够早点使用产品概要表来检验我们的想法，我们就不会在营销上浪费那么多时间。

如果你想创建畅销的产品、有效的营销计划以及稳定的公司文化，那就请立即执行产品概要流程。

产品概要表

你的小企业盈利计划中包含了产品盈利性审计表和产品概要表。

产品概要表

Business Made Simple

项目负责人：

产品名称

1. 产品的名称是什么？

2. 该名称是否很好地描述了产品并展示了其价值？

3. 该名称是否会让人困惑或在市场上造成问题？

产品描述

1. 该产品能为我们的客户解决什么问题？

2. 该产品如何解决客户的问题？

3. 描述客户使用该产品所能得到的好处：

4. 描述该产品的特征，以及它将如何帮助客户：

核心信息传递

1. 我们的客户是谁？

2. 我们是否有机会进入该产品的目标市场？如果有，如何进入？

3. 我们将如何在营销材料中描述客户的问题？

4. 我们的一句话营销语是什么？

高级营销研究

1. 市场对该产品的需求是否已得到证实？

2. 我们是否已经展开关于客户对该产品需求的调查？我们在调查中询问了哪些问题，得到了什么样的答案？

3. 该产品的竞争对手是谁？

   a. 我们的价格是高于还是低于竞争对手？

   b. 面对竞争，我们是如何自我定位的？（我们产品的优势是什么？）

财务问题

1. 该产品的定价是多少？我们是如何确定这个价格的？

2. 该产品是否有利可图？

3. 制造和维护该产品的成本分别是多少？（我们是否需要雇用支持人员，是否需要增加技术支持，等等。）

4. 谁对与该产品相关的收入负责？

销售预测（基于当前客户基础）

1. 30、60、90天的销售目标分别是多少？

2. 有关该产品第一年的收入预测是多少？

3. 第一年的销量目标是多少？

产品验证

1. 该产品是否会对现有产品造成影响？

2. 该产品是否会对现有或未来客户造成负面影响？为什么？

关键日期

1. 该产品会什么时候推出？

2. 什么时候创建此产品的推广页面？

3. 什么时候向当前用户推送预发布公告？

销售和营销计划

1. 我们什么时候确定关于该产品的关键销售和营销元素？
    a. 一句话营销语
    b. 推广页面
    c. 潜在客户生成工具
    d. 客户教育或销售电子邮件
    e. 社交媒体渠道

并不是产品概要表中的每一个问题都适用于你的企业，你需要根据自己的产品和营销方案来酌情采用。从表中选取适用于你的问题来推动关于重大业务决策的深入讨论，其他问题则可忽略。

你的产品决定了你的增长和利润

再说一遍，大多数企业领导者不会考虑产品提供的优化问题，但推出合乎时宜的新产品的确是一种快速提升利润的好方法。

如果你能够做如下三件事，你的飞机机翼就会得到优化，你的业务就会不断增长。

（1）对你产品的盈利能力进行排序，并考虑放弃那些不能带来利润或没有客户需求的产品。

（2）向客户推荐能够增加收入和利润的新产品。

（3）执行产品概要流程，以确保新产品和新计划的成功。

我们已经确定了企业的使命，强化了市场营销和销售的引擎，并通过优化产品提供为我们的业务创造了升力，接下来我们该考虑如何给飞机机身减重的问题了。在下一个步骤中，我们将介绍如何使用管理和生产操作规范来促进业务的增长。如果你正在致力于协调团队，并且想知道团队成员是否真正清楚自己的职责，那么你非常有必要了解一下我们的管理和生产简易操作规范。

5

成本

OVERHEAD AND OPERATIONS

STEP FIVE

第五步：机身

降本增效，精简管理成本和运营费用

步骤五将帮助你解决如下问题：

- 有太多的人身兼数职。
- 团队成员没有得到一致反馈。
- 你的公司文化感觉像是处在有组织的混乱状态。
- 你需要更好的管理技能来领导团队。
- 你的会议不少，效率却不高。
- 你的团队成员远没有达到应有的专注程度。

领导力
驾驶舱

营销
右引擎

产品
机翼

成本
机身

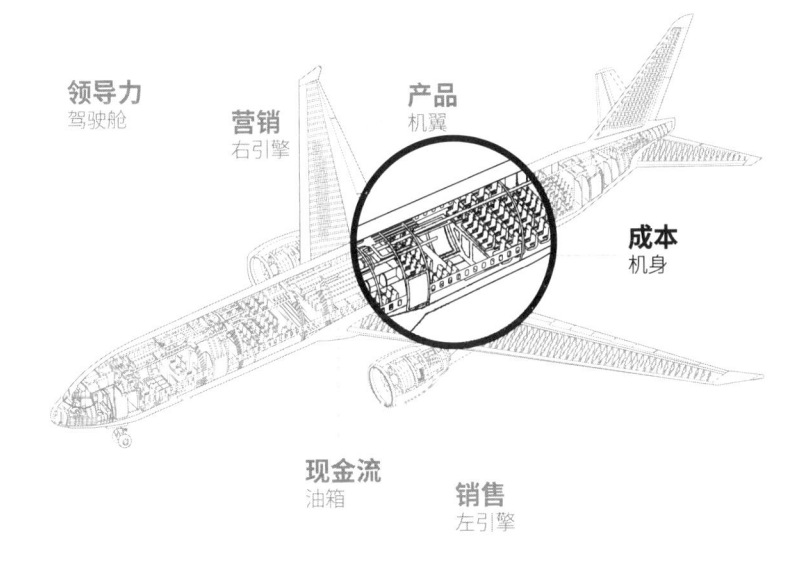

现金流
油箱

销售
左引擎

如果飞机的机身过重，导致机翼和引擎无法支撑，飞机就会坠毁。

这就是为什么当你乘坐一架小型通勤飞机时，你必须低下头才能走进舱门。飞机看起来像是一支会飞的铅笔不是没有原因的。这是因为机身的形状、尺寸和重量都必须尽可能地精简，以减轻飞机对动力、升力和燃料的需求。

小企业同样如此。我们的产品以及针对这些产品的销售和营销，都必须能够支持（而且最好能够超过）我们日常运营所需的各种开销。

要想让一架飞机飞起来，我们就得把机翼做得很宽大，让左右引擎强劲有力，同时还要保持机身的简约轻盈。也就是说，如果你想让自己的小企业赚到钱，你就得强化营销和销售引擎，让产品有利可图，同时还要降低各种费用。

所以问题来了：我们如何能够保持企业开支的精简？

如果你明天就必须削减20%的开销，你会从何处入手？很多人会先去翻看自己的信用卡账单或者列出我们从没有用过的那些包月服务。这些都是非常好的起点，但省钱只是减少开支的一项内容。对于大多数小企业而言，这些事情并不是你开支膨胀的来源。现实情况是，你的最大开销既不是来自那些包月服务，也不是来自那些拿着公司信用卡到处跑的销售代表。

对大多数小企业而言，开支失控的来源只有一个：劳动力成本。

不断增加的开销会导致企业的倾覆。技术和租金也可能很昂贵，但工资比其他任何东西都更容易导致飞机坠毁。劳动力成本向来是最大的费用源头。即使你是一名个体创业者，你也可能需要把一些苦活累活分包给自由职业者和供应商，而劳动力成本可能会导致你飞机的机身膨胀得比生日聚会上的气球还快。

在和小企业主攀谈时，我总是能够听到一个有关于开支的类似故事：公司的业务蒸蒸日上，所以老板就雇用了一批人来帮忙，结果劳动力成本超过了他们的预期；此外，管理新人也让这些企业主脱离了他们的最佳位置。一旦这些企业主脱离最佳位置，公司的销售就会放缓，然而劳动力成本却保持不变。结果机头开始下沉，企业主也不得不解雇他们刚刚招来的所有雇员。

如果劳动力成本是企业的最大费用源头，那么我们如何削减费用？我们或许会认为，答案就是解聘员工。

事实上，当重建团队①进驻一家陷入困境的大公司时，他们为了稳定局势而做的第一件事，就是分析劳动力成本，并着手裁员。在前几个月内，他们一般不会考虑降低办公条件和优化技术等问题，因为沉重的劳动力成本通常才是症结之所在。

如果你想减轻飞机的重量，精简机身，那就请打开紧急舱门，把座椅都扔向云端。机身内的人越少越好。但令人难过的是，对于很多的小企业主而言，这意味着他们要开除很多熟悉的人，其中可能就包括你那负责会计事务的姨妈，你那承担技术工作的高中挚友，以及你那负责清理焊接零部件的侄子。

解雇员工通常意味着与你所爱的人断绝关系，被家人唾

---

① 重建团队（turnaround teams）指的是企业为应对财务或经营危机而成立的专业团队。这些团队的目标是推动企业重组或者转型以及在财务上实现扭亏为盈。——译者注

弃，成为只关心自己和自己钱袋子的贪婪资本家。我知道这是一个艰难的抉择，但你必须这么做，而且必须快刀斩乱麻。为了追求卓越，我们必须冷酷无情，不是吗？

但其实我们没必要急着这么做。

如果你能通过管理和生产操作规范来精简你的劳动力，将飞机机身上的所有座椅转变为机翼和引擎的高性能部件，那么飞机的其他部分就会按比例增长，从而与机身相匹配。如果你不选择裁掉所有人，而是让他们整体转变为一支专注于企业建设并且能够为企业创造巨额利润的专业团队，那意味着什么？那意味着你的业务将开始增长，你的日常管理费用则从支出转化为了投资。

没错，查看你的信用卡账单并取消一部分包月服务也非常重要，但毫无疑问，若想降低你的开销，让你那架铅笔粗细的飞机在空中极速飞行，你首先应该做的就是执行我将在下面介绍的管理和生产操作规范。

我在本章中推荐给你的规范，并不能立即减少你的开销。如果你乘坐的飞机正在向下俯冲，那你可能不得不采取裁员举措。我讨厌裁员，但为了拯救飞机本身，有时候我必须这么做。但话又说回来，如果你在资金耗尽之前还有些许时间，我们可以研究一下该如何精简你的员工队伍，如此一来，你们就能够以更短的时间完成工作，而且你们的工作本身也会更加专注于你在使命宣言中所确定的三大经济优先事项。这或许能够拯救你的企业。

当你的员工专注于你的三大经济优先事项时，你的企业就可以赚得更多。这反过来又可以让你的机翼、引擎、油箱以及驾驶舱得到强化，从而能够承受你不断膨胀的支出。减小机身尺寸的最好办法并不在于让其变得更小，而是要在劳动报酬支出不变的情况下，让飞机的其他部分变得更大（但销售代表的佣金和利润奖金很可能出现增长）。

即便你的开支不存在问题，你也很有必要执行管理和生产操作规范。优化工作流程将增加企业利润，激发团队活力，提高士气。此外，你的客户会得到更多关注，你的产品和服务质量也会提高。

一个看似无解的问题

我在创业之初，并不需要管理和生产操作规范这类东西。我只有一名员工，我们只需要每天早晨碰一下头，就可以知道当天要干什么事。这一体系无缝且高效。后来我又招聘了一名新员工。可以肯定的是，第三个团队成员的加入增加了这一体系的复杂性，但由于我们仍然都挤在同一个小办公室里工作，所以沟通仍旧很顺畅，我们都很清楚自己该做什么事情。

随着业务的扩展，我又招聘了几名兼职的设计师，后来又陆续聘请了程序员、文案和摄像师。显而易见，当一些（兼职或其他）团队成员开始需要远程工作时，工作流程的协调就变成了一个更为棘手的问题。我记得，有一次我是无意中听到了一次电话交谈，才意识到我们的一名合同工上周还在忙活一个我们上个月已经取消的项目！整整一周的努力就这样付诸东流。员工的工作没有紧紧围绕公司的经济优先事项进行，这才是让管理开支失控的真正原因。如果让这种事情失控，整个企业也会陷入困境。

但遗憾的是，大多数小企业从未意识到飞机超重的问题。作为领导者，我们坐在驾驶舱内忙着规划目标和路径，可飞机上的其他人却对前进方向一头雾水，他们甚至搞不清前进的理由。员工们非常敬业，所以他们会坚持努力工作，甚至是在没有明确目标的情况下，他们也会给自己找事情做。但也正是因此，我们只要稍不留意，就会让整架飞机上的人进入一种整天瞎忙的无效率状态。

为了确保团队中的每个人都得到良好的管理，我将我们的一位领导者提升为办公室主任，这起到了一定作用，但由于这个人此前从未担任过这类职位，整个公司又缺乏正式的制度，所以结果可谓喜忧参半。由于驾驶舱内的领导只顾着规划航线和给飞机加油，所以驾驶舱和机身似乎总是处在脱节状态。因为我们定期组织员工会议，也没有给他们提供实操的方法，所以我们稳定飞机的努力并没有起到效果。我们仍然有员工不清楚自己的职责，整日和无头苍蝇一样东奔西顾。

我们在意识到自己无法解决这个问题后，从一家大公司挖了一名高管来帮忙，但后来证明这是一个错误的选择。大多数大型企业都是通过砸钱的方式来解决此类问题。如果你有10亿美元的预算，这当然是个很好的办法，但这对小企业来说却行不通。小企业需要精益运营，它们没时间去干组建董事会、运行测试小组，以及完善招聘流程这类事情。大公司可以在这些方面不计成本地砸钱，但我们这些小企业主可承受不起在这方面的资源浪费。

鉴于外聘专家这条路走不通，我们又开始考虑从一众的管理和生产咨询公司聘请顾问这一做法，但这一方法的年成本同样高达10万美元，我们可没有这个闲钱。

各种备选解决方案都很复杂，而且似乎都是为大型组织量身定做的，并不适合我们。当时我们大概有12名正式员工和几乎同等数量的合同工，但我们手头的那些管理和生产系统都是为具有成百上千员工的企业搭建的。

我们真正需要的是一项针对小企业的管理和生产工具。

管理和生产操作规范拯救了我的公司

直到我的朋友道格·凯姆加入我的领导团队，我们才开始简化工作流程。道格是我的老朋友，原本在一家大公司工作，后来到我这儿帮忙。我和他相识多年，一直视他为我的创业导师。在职业生涯的大部分时间里，道格一直致力于大型企业的业绩改进和提升工作，但他对我和我的小生意很感兴趣。在他花了三年的时间帮助亚特兰大的一家大公司实现扭亏为盈之后，我向他发出了邀请，希望他能够花一年的时间，帮助我们创建一套适用于小企业的管理和生产操作规范。我跟道格解释说，现在整个企业界都还没有这样的一套执行规范，我们需要从无到有地搞一套新的体系出来。"多数小企业都是在一边发展一边搞制度建设。"道格理解了我的意图，并表示愿意接受这项挑战。在他的领导下，我们设计了一套适合于我们自己业务的管理和生产执行体系。

我们把这套体系称为"管理和生产简易操作规范"，因为它非常易于执行，便于上手，而且更重要的是，它很有效。

看道格工作简直就是一种享受。他把所有的精力都放在了飞机机身上，他帮助每个人明确目标，克服挑战。他的行事作风不太像是一名高管，而更像是一名篮球教练。他总是和球员打成一片，帮他们制定战术，让他们在场上进行适当的自由发挥，也就是说，他会给员工一定的自主决策权。然而，当团队过于随心所欲时，他又会把他们叫回来。他会提醒队员别忘记目标，并询问他们是否有任何意见或者有稍稍改进计划的打算，然后他会做出他认为有益的改变，并把球员重新派上场。

功夫不负有心人，我的公司开始发展壮大。公司不仅在该增长的时候实现了增长，甚至在本该出现萎缩甚至走向破产的情况下也实现了逆势增长。道格刚加入我们公司时，我们 75% 的业务都需要坐飞机出差到各地开办营销和销售培训班。就在道格加入团队并开始落实管理和生产操作规范的几个月后，新冠疫情开始蔓延至全球，整个世界也一下子停止了运转。我们先是看到中国实行了封城政策，后来又听到传言说美国也会采取类似的举措。我一开始还不相信，但后来又有朋友打来电话，说他们有些亲戚在美国国务院或者国民警卫队工作，他们也听到了类似的神秘传言。我开始意识到，不管传言是真是假，经济生态都势必会受到扰乱。

我的思绪开始紊乱。一方面，我觉得我们的小飞机肯定能够创造奇迹，继续在空中飞行；另一方面，我又觉得我们得设法找到一片湖泊或池塘，并做好随时在水上迫降的准备。

作为一家搞面授培训的公司，我们最终是怎么克服了全球旅行中断的影响，并且在疫情中幸存下来的？答案就是管理和生产简易操作规范，是它拯救了我们。

我们已经确立了三大经济优先事项。就精简工作流程而言，仅这一举措的影响就超过了我们公司历史上所做的任何其他事情。利用新的管理和生产简易操作规范，我们将公司停工后十二个月内的任务拆解为一个三周冲刺项目，其中每周分别专注于一个经济优先事项。我们把面授培训改为了在线培训（其实多年来我们的客户一直在要求我们提供在线培训），并修改了我们的营销信息，把重点放在了"如何在疫情中幸存"这一主题上。我必须说，疫情让我们变得更加专注了，也增加了我们的紧迫感。在我们的领导层会议上，我们如同一支努力争取赢得全国冠军的队伍一样，进一步凝聚了共识，坚定了决心。我们重温了三大经济优先事项，明确了各自的任务，并誓言要加倍努力地工作——我们义无反顾，别无选择。

结果令人惊讶。我们原本以为我们这架小飞机会在堪萨斯州的某个养牛场坠毁，然而事实是我们的收入增长了20%以上，利润增长了近30%。我们没有裁掉任何一名成员，甚至还聘请了承包商来分担新增的工作量。我们的应急基金增加了两倍（这就好比在空中给备用油箱加了1000磅的燃料），而且还在年底发放了奖金。我们的操作规范起到了效果。因为这个指南非常有效，所有我们到今天还在使用它，而且我相信，哪怕再过 20 年，无论我们的规模变得多大，我们仍会继续使用它。

任何小企业都可以利用管理和生产简易操作规范来简化工作流程，提高生产率（和收入），而当员工因未能得到适当的指导和鼓励而士气受挫时，企业也可以利用管理和生产简易操作规范来提振其斗志。

落实管理和生产简易操作规范

要想运用管理和生产简易操作规范，你所要做的就是着手举行五个不同的会议。你也许已经深陷文山会海之中，所以一听说又要开五次会议，你可能会心生抵触。但举行这些会议的目的，恰恰是让你摆脱那些让你脱不开身的各种会议。这五次会议中，有的可能只需要占用你 5 分钟的时间，而且作为企业领导者的你，也不必参加所有的这些会议。

事实上，在我们公司执行这一操作规范之后，我以企业领导者身份参加的内部会议数量减少了一半。因此，我的自由支配时间不但没有减少，反而变多了。我们的会议有固定的时间安排，因此我可以根据可重复的节奏去创建一个可控的工作流程。不仅如此，在同一时期，我和妻子还有了我们的第一个孩子。显然，如果没有管理和生产简易操作规范，我就不可能像现在这样，成为一名好的丈夫和父亲。我喜欢我的新时间表，而且我相信我们已经为未来的持续增长做好了准备。不仅如此，这份操作规范对我个人及家庭健康也有积极的贡献。

五个会议

本章后面提供了实际操作规范以及会议用表，它们将帮助你实现精益运营。现在我只对我们以团队形式参与的这五次会议做一些简单的介绍。

全员会议

每周一上午 10 点举行全体员工会议；部分人会现场参加，部分人则可以在线参会。这一会议的目的涉及三个方面：

（1）确保以三大经济优先事项为行动准绳和主要目标。

（2）及时向整个团队通报有关部门计划或业务成就的最新情况。

（3）公开表彰那些在促进实现三大经济优先事项方面取得突出成就的团队成员，并借此提振士气。

全体员工会议用时最长，持续时间为45~60分钟。这一会议需要传递出非常积极的能量，并营造家庭氛围。会议前应先填写一个特定的表格。该表格可确保会议的效率，从而有助于实现经济优先事项。

领导层会议

领导层会议应在全体员工会议之后举行。参加会议的包括部门主管，旨在讨论当前正在实施的主要举措以及清除各种不利于经济目标实现的障碍。这个会议通常会持续30~60分钟，具体取决于你的团队在该周需要讨论的项目数量。

请使用领导层会议表来计划本次会议。该表将由你或负责会议的团队成员填写。填写该表可以确保每次领导层会议都有助于整个公司实现当前的三大经济优先事项。

部门站立会议

如果你企业的人数超过了5个，并且这些团队成员分属于两三个部门，那么你可能需要举行部门站立会议。如果你的团队只有两三个人,那么召开全员会议或者领导层会议便已足够。但在这样的情况下,你就需要每周多开几次全员会议,比如三四次。你可以在周一举行时间较长的全员会议,在其他日子里则可以只开短会,并且改用部门站立会议的表格来指导你的会议。不过,随着员工人数的增长,你可能会要求每个部门各自去开站立会议,这样就没有全员会议了。

部门站立会议持续时间应不超过 15 分钟。这一会议的目的是确保每个部门的各项活动都能始终围绕着三大经济优先事项展开。在这个会议上,部门领导需要为接下来一天的工作设置目标,并帮助解决团队成员在前一天工作中遇到的问题。开会前与会人员应当填写部门站立会议表。

个人优先事项进度检查会议

随着团队规模的不断扩大,每位新的团队成员都会想了解他们的工作表现。持续的辅导对于保持高效和士气至关重要。

如果你的公司达到了 5~10 人的规模,并且公司被分成了数个不同的部门,那么每一位主管就应该每周与其团队成员进行一对一的个人优先事项进度检查。这些会议的时长大约为 15 分钟,其目的在于仔细检视每个人在团队中的职责。每位团队成员需要在开会前自行填写个人优先事项进度检查表。该表能够确保会议的高效，同时也会让每位为公司优先事项做出贡献的团队成员觉得自己受到了重视。

这个会议看似烦琐，会加重你的工作负担，但请记住两件事：首先，和每位团队成员的会议只有15分钟；其次，主持这些会议的是部门领导，而不是作为最高领导的你。

由于部门领导会给予每个团队成员所需要的个人关注，所以他们会感觉受到了重视，你也会感受到团队士气的高涨。

当然，如果你的企业只有你一个人，这个会议就没有什么必要，但你也可以借此来对你的经济及个人优先事项进度做一下自我评估。但如果你确实有个小团队，那你就需要每周与每位团队成员进行一次个人优先事项进度检查（或至少每月一次）。请使用个人优先事项进度检查表来指导会议，并确保你的团队成员在会议前就已经填写好此表。你会惊讶地发现这些会议并不会浪费你多少时间，相反它会为你节约很多的时间。不仅如此，你的团队也会因为你给予了他们所渴望的个人关注而更加尊重你——即使每周只有15分钟。

季度绩效考核会

到目前为止，我们的会议关注的都是如何凝聚团队以及如何提高效率，我们还没有涉及绩效问题。

在季度绩效考核会议上,你需要仔细评估每一位团队成员的表现。你需要问如下几个问题:他们是否经常迟到?他们的工作质量是否欠佳?管理层将如何帮助他们改进?这些对话既是管理又是辅导,每一位主管都可以借此来帮助其团队成员,以使他们能够掌握进步的诀窍。如果你愿意,第四季度的绩效考核也可以与奖金和薪酬结构挂钩。

季度绩效考核解决的是大多数团队成员最关心的一个问题:我的工作表现好吗?这些会议大多氛围融洽,但因为时间较长,而且季度绩效评估表是由团队成员和部门主管共同填写的,因此它也能够促进双方间的坦诚对话,并创造出一个自然健康的辅导和改进环境。

这五个会议会改变你的公司,并降低你的管理成本及运营费用

这就是能够促进小企业成长的五个会议。当然,你也可以开一些其他类型的会议,但是,在企业成长的过程中,只要你能够贯彻全员会议、领导层会议、部门站立会议、个人优先事项进度检查会议以及季度绩效考核会这五个会议,企业内的信息流动就会保持畅通,企业的效率也会得到提升。

当我在谈到效率时，我指的是流向机翼和引擎的能量。用于扩大机翼或增加发动机推力的能量可以为企业创造更多收入，因此可以被视为一种投资，而在飞机机身内所使用的能量（虽然通常为管理任务所必需）则应被视为一种支出，因为它并不能直接创造收入。

当团队成员的能量贡献给了机翼和引擎时，它不会影响机身的尺寸和重量。因此，管理和生产简易操作规范的目的，就是要将留存在飞机机身内的能量转移到机翼和引擎上去，从而降低顶部阻力和升力与推力的比率。

本书中的详细操作规范或许并不完全适合于你的企业。不过，你可以随意使用这些模板来创建属于你自己的管理和生产操作规范。我可以向你保证，和很多咨询公司试图以数十万美元价格卖给你的那些系统相比，这个操作规范的效果绝对要好得多。

这些会议能否取代其他的大多数会议？

你可能会对这五个会议产生抗拒感。现在日程就够满的了，怎么还要再加五个会议？我懂你的意思。但我想再次强调的是，开这些会议的目的正是让你远离那些让你焦头烂额的无效会议。

另外，作为公司的老板或者掌舵者，你实际上只需亲自参加其中的三个会议：全员会议，领导层会议，以及一部分季度绩效考核会议，其余的会议则由部门主管负责召集。

管理和生产简易操作规范不仅仅是为了精简领导层和管理层的会议，它也是为了让团队能够在业务上更加聚焦，并降低每位成员的开会次数。那么是不是执行了这个操作规范，你就再也不用开别的会议了？可惜并不是。你还得继续和客户、员工、其他公司的领导以及供应商举行外部会议。但好处是，当你外出参加这些会议的时候，你再也不用担心公司会因为你不在而出现偏离主航道的问题。这也让外出开会变成一件愉快的事。事实上你会发现，由于公司内部的运转已变得非常顺畅，你也能够全身心地去处理各种外部问题。

谁来负责管理和生产操作规范的实施？

你可能担心的另外一个问题是，你的公司需要耗费大量时间来落实这五个会议。如果你在了解了这五个会议之后感到极度担忧，那么你可能并不是负责实施管理和生产操作规范的合适人选。并不是所有人都干得了这件事，包括我在内。

事实上，如果必须让我亲自操刀，那我们可能根本不会执行这一规范，我的公司也肯定会因此遭受损失。

我必须强调，这绝对不是因为这项操作规范不好。我觉得这个操作规范非常简单有效。我永远不会亲自抓这件事情的原因在于，我不是一个经营者，我是一个艺术家、企业家。

任何一家成功小企业的高层通常都由三种类型的领导者组成：艺术家、企业家和经营者。

艺术家

艺术家痴迷于产品创作。他们关心的是产品的功效、客户对该产品是否满意以及如何将其推向市场。艺术家通常富有远见，他们"着眼于未来"，因为这与业务以及他们的产品将如何影响客户有关。没有艺术家，公司就无法改变世界，无法创造出革命性的产品。

企业家

企业家总在寻找收入和增长机会。当他们放眼世界时，他们关注的是扩张的机会。他们通常会采用现有的想法，然后将其推向市场并不断扩大其规模。只有增长才能让他们感到快乐。没有企业家，公司就无法基于艺术家的愿景来获利。

经营者

经营者喜欢通过管理来消除混乱。他们之所以如此，是因为他们不喜欢混乱。他们希望将工作流程分解为可预测、可复制的系统和流程，以便使每个人都清楚自己的职责，完成他们的工作，并因此获得适当的报酬。如果没有经营者来操持企业这部机器，员工就会对艺术家和企业家产生厌烦情绪，并去寻找别的工作。

你要寻找的能够执行管理和生产操作规范的那个人，一定是一名经营者。如果你把这个任务交给一位艺术家，那他肯定会缺席75%的会议，而且即便是参加会议，他也可能会一边听着披头士的专辑一边对未来进行漫无边际的畅想，同时还会问自己的下属到底"领会了"他的精神没有。

当道格加入我们团队的时候，我不仅仅是希望他帮我们设计一套管理和生产简易操作规范，我还希望他能够主导这套规范的执行，除此之外，我还要求他对下属进行培训，以使其能够在未来接替他。道格培训的那名下属叫凯尔·威利斯。后来道格离开了我们，去了另外一家大型企业，凯尔就承担起了对会议体系的管理工作。他的工作非常出色。实话实说，正是得益于凯尔对管理和生产简易操作规范的推行，我们的工作效率才达到了一个前所未有的高度，我也因此找回了我在企业中的最佳位置。

在执行这套操作规范之前,我觉得公司就是一台正在吞噬我的机器。而现在,我的企业变成了一群由用心工作并努力为客户提供服务的人所组成的社区。我终于又有了精力,能够在这个社区中扮演我的首席执行官、艺术家和前瞻者角色。

经营者一旦确定,他们就需要根据下面的方法来一步步地落实管理和生产简易操作规范。

管理和生产简易操作规范的步骤拆解

第一步:指定负责实施操作规范的经营者

(1)如果你不打算亲自负责操作规范的实施,那么请一定要找一名真正的经营者来负责此事。此人应热爱操作规范的管理工作,善于和人打交道,但也必须讲原则。因为这个操作规范中有不少和绩效考核相关的内容,如果一个人太和气,那他显然无法让这套系统正常运转。你要找的是一名严格遵守流程的人,同时也是一个能够鼓励他人畅所欲言的人。

(2)你可以任命这位经营者为首席运营官、主席或者副主席。如果你的业务太小,还没有设置高管团队,那他可以先担任高级行政助理一职。别过分纠结这个，没必要被头衔这种事困扰。

（3）你要意识到，负责管理和生产操作规范的这个人将会成为你公司的管理者。虽然你不需要考虑头衔问题（谨防头衔膨胀），但一旦你把这个人放在了那个位置上，而且他工作很出色，那么这个人很可能就是你要找的左膀右臂，他能够把你解放出来，让你自由地去从事艺术家或企业家的工作。今后你只要出席领导层会议就行了。你再也不会有被机器吞噬的感觉。

第二步：启动每周一次的全员会议

（1）在落实操作规范时，不要急于一步到位。在最初几个月里，你只须每周举行一次全员会议即可。每周的全员会议将使团队的所有人更加清晰企业使命，尤其是企业的三大经济优先事项。

（2）如果你还不清楚你们的三大优先事项，请回顾本书所介绍飞机框架的第一步：确立你的经营使命。每周召开全员会议的主要原因就是为了评估企业的经济优先事项，并讨论如何通过全员努力来推进其实现。

（3）如果你还没有团队，而是只招募了一些合同工,那么你可以试着询问他们是否愿意参加全员会议。这个会不一定非要叫全员会议,叫什么名字都行。如果这些合同工对你的业务成败有着至关重要的影响,你就一定要邀请他们参加会议。在美国的某些州,你可能无法强制要求这些人参会,但实际上大多数合同工都愿意参加这种周会,因为这有助于他们更好地为你提供服务。

(4)一旦全员会议走上正轨,整个公司也因此更加聚焦于三大经济优先事项,你就可以开始执行第三步。

第三步:启动每周一次的领导层会议

(1)每周一次的领导层会议可以在全员会议结束后直接举行。这是五个会议中最不正式的一个会议,但它仍然有一个可遵循的会议模板,这个模板可以确保会议的效果,使之不会浪费任何人的时间。

(2)如果你的企业较小,那么你可以把全员会议和领导层会议合并举行。但这两个会议的议程应当有所不同。所以即便这两个会议的出席人员完全相同,你也要填写两个会议表。

(3)如果领导层会议的出席人员和全员会议完全不同,那么每周一次的领导层会议将有助于公司内各部门领导展开沟通，他们可以借此了解各方的工作进度，并为其他部门提供必需的协助。

（4）每周的领导层会议旨在提高团队领导的士气和集体意识。你的一些部门领导可能会在工作中遇到挫折，感到无助，但你没有必要为此感到惊讶。这个会议将有助于保持团队自上而下的团结性。

（5）可以考虑每季度为领导团队安排一次早餐或午餐会。即便你们每周都要碰头，你们也可以每月或者每季度安排一次特别形式的会议。没有什么能比围坐在餐桌旁共享美食更能创造集体氛围了。

（6）一旦领导层会议开始步入正轨，你就可以考虑推行部门站立会议了。

第四步：启动部门站立会议

（1）如果你的企业规模较小，那么全员会议可能就足以让团队聚焦于三大经济优先事项。然而，随着企业的成长，你会发现你的团队成员开始归属于不同的部门。小型成长型企业内部一般都会设有销售、营销、设计、开发、生产和客户服务等部门。如果你的公司确实已经开始分设部门，那你就需要推行部门站立会议了。这种会议应当每天举行，且每次会议都保持简短。为什么要把它叫作站立会议呢？就是因为这种会不应该太长，不应该让大家产生要坐下来的想法。这些会议可以面对面进行，也可以采用电话会议的形式。

（2）部门站立会议应当由各部门主管召集。企业的老板或者经营者不应该参加这类会议。用于此类会议的表格将确保会议能够聚焦于经济优先事项。

（3）每次站立会议都要使用部门站立会议表。使用该表是确保管理和生产操作规范能够得到成功施行的关键。如果你不使用这个模板，站立会议上的对话就会变得漫无目的，毫无成效。

（4）一旦你的部门站立会议得到了良好的落实，你可以开始考虑管理和生产操作规范的第五步。

第五步：启动个人优先事项进度检查

（1）随着企业规模的扩大，个人会发现自己和企业主或经营者的距离越来越远。及时反馈的缺失会让个人感到更难以确定自己的表现。这会成为一个问题。如果团队成员不能清楚了解自己的职责，不了解自己的工作表现是否符合预期，那么个人和团队的士气就会受到影响，工作效率就会随之下降，而这会导致你的机身变得更加臃肿和笨重。团队成员只有得到反馈，才能做好自己的工作，才能更好地扮演自己在团队中的角色。

（2）确保团队成员得到其所需反馈的方法之一，就是对组织中的每一位成员启动个人优先事项进度检查。员工应当在每次会议前填写个人优先事项进度检查表，之后由部门主管进行考核评审。

（3）个人优先事项进度检查会议应当由部门领导召集。这样的会议应当以促进提升和激发斗志为主。你会发现，在该项会议召开后，团队的士气和工作效率都会有所提高。一旦落实了个人优先事项进度检查会议，你就可以着手操作规范的第六步了。

第六步：启动季度绩效考核

（1）季度绩效考核好处很多，且适用于任何规模的企业。对一家拥有十余人或更多成员的企业来说，季度绩效考核只是其流程中的第六个步骤。而对一家规模更小的企业而言，它们或可更早地启动这一步。你的员工需要知道自己在部门领导眼中的表现，只有这样他们才能更加舒心无忧地投入工作。

（2）请使用季度绩效考核表来规范这一会议。该表应当由员工和部门负责人共同填写。每张表的填写者都需要就该团队成员的表现做出评价。通过这种方式，部门主管和团队成员可以就工作表现问题进行开诚布公的交流。在有的方面，员工可能觉得自己做得比主管要求的还要好；在另外一些方面，则可能是主管觉得还不错，但员工却有些不自信。无论是哪种情况，每一位团队成员都渴望并理应得到诚实和积极的反馈，而季度绩效考核恰好能够满足他们的这一诉求。

（3）一旦你的企业规模超过10人，你就需要开始考虑与薪酬方案挂钩的绩效考核。随着团队规模的扩大，团队成员会希望在薪酬方面更具有可预测性和可控性。你要是在薪酬方案的安排方面一直比较随性，那你可要注意了。随意提供奖金或者加薪可能会给你带来麻烦，因为每一次随意的加薪和发放奖金都是在开创先例，但同时它也会让人产生未来还会如此的预期。相比之下，将第四季度绩效考核与薪酬挂钩，则可以为团队成员创造一个稳定一致的发展环境。

（4）前三个季度的绩效考核将帮助你的团队成员了解，为了能够充分享有加薪和获得奖金的机会，他们应该继续做好哪些工作以及应该做出哪些改变。重要的是让员工理解整个考核背后的控制理念：我需要怎么做才能够拿到足额的奖金和加薪。

（5）当团队成员觉得自己的收入前景具有可控性时，他们可能会更加热爱自己的工作。

（6）以下是一个可以面向全员的加薪和奖金的简单明细：每个员工可以根据其工作表现获得1%~3%的加薪。此外，可以将（占其工资）1%~3%的奖金与公司的整体收入目标挂钩。如果公司实现了预定目标，每位员工可根据其表现，最高获得相当于其工资3%的奖金。如果整体业务达到扩展目标，员工则最高可获得相当于其工资5%的奖金。在业绩靓丽的年份，优秀团队的所有成员都可获得相当于其工资5%的奖金和5%的加薪。这听上去是一大笔钱，但如果你真的实现了业务扩展目标，那就说明你拥有一支高效能的团队，他们理应得到适当的收入回报。

（7）为了执行这一操作规范，你的企业应当设置收入目标和扩展收入目标。例如，如果你公司的收入达到了100万美元的目标，那么员工就有机会获得相当于工资3%的奖金。如果收入达到了130万美元的扩展目标，每个员工就有机会得到相当于其工资5%的奖金。你可以根据自己的意愿来设置这些目标。当然，每位员工的具体奖金水平应该取决于其季度绩效考核结果。

（8）将季度绩效考核和薪酬挂钩的制度操作简单，且具有可扩展性。大多数小企业可能并不需要这么做，但随着企业规模的扩大，你会发现薪酬和绩效是个值得关注的大问题。这个制度虽然简单，但却是一种能够让所有员工都愿意接受的方案，因为这一制度使得员工的收入前景具有可控性，它不仅能够明确预期，而且非常公平合理。

管理和生产会议不是你唯一要举行的会议

管理和生产简易操作规范中所包含的这五个会议，并不是你唯一要举行的会议。它们只是你每周和每年都要举行的例行会议。这些会议旨在取代大多数的其他会议；但是，你可能免不了还要举行其他的一些会议。这些会议可能包括但不限于：

收入会议

小企业的控制人、经营者以及部分财务领导应当每月召开一次收入会议，以对上个月的收入情况进行评估。你们需要通过评估来解决如下两个问题：我们在哪些方面做对了，原因是什么？我们在哪些方面做得不够好，原因是什么？你会发现，这一会议会让你更好地了解公司业务整体情况，并且会直接影响到你的战略。一般应当由经营者来负责收集收入数据并召集会议。

战情室

当遇到需要解决的特定问题时，一个很好的办法就是成立战情室，也就是通过将主要团队成员召集到一起集中开会的方式来制定策略。这样的会议通常会长达数小时。这一会议方式适用于讨论企业搬迁、出清库存或者推出新品等重大问题。谁觉得有必要成立战情室，谁就应负责召集会议。

领导层异地会议

有时候，我们有必要把各路的领导团队聚在一起，让他们拿出一整天的时间来讨论整体业务情况。这类会议通常由经营者负责组织，旨在帮助这些领导找到能更好地推动业务向前发展的方式。领导层异地会议的议程会因为具体情况的变化而变化，但其核心目的应在于协调整个领导团队，以更好地应对特定的挑战和机遇。从本质上来说，这个会议应当是一个涵盖一切当前业务需求的会议。领导层异地会议可按需举行，会议时长则可以持续一整天。

管理和生产简易操作规范会让你的机身更加轻便

再强调一遍，管理费用膨胀的罪魁祸首是劳动力成本。在削减劳动力成本方面，你有两种选择：你可以裁减部分员工，你也可以将现有成员转变为一支结构精简但却更具创收能力的团队。如果可能，我们强烈建议你保留现有工作岗位，并将团队中的每个成员都转变为收入的创造者。

当然，我们总有需要裁员的时候，但我们希望这种情况少之又少，而且我们希望裁员更多的是一种由市场波动导致的被迫之举，而不要视之为一种提升团队效率的手段。

如果你正在为你的小企业寻找经营者，他们的职责描述也不要搞得太复杂，你只需要他们能够把小企业盈利计划中的第一步和第五步执行到位即可。如果他们能够把这件事做好，并且每月主持召开一次收入会议，你就相当于拥有了一位能够助力你企业发展的出色的首席运营官。

请根据本章所概述的步骤，并使用小企业盈利计划中的会议表格模板来实施管理和生产简易操作规范。

下面几页是我们提供的会议表格模板。你也可以登录SmallBusinessFlightPlan.com 使用电子版表格，该网站还提供对过往会议表格的存档功能。

全员会议

日期

公司优先事项
（截至 _____ ）

① 　　　② 　　　③

部门更新

①＿＿＿＿＿＿＿＿＿

为推动实现公司目标，我们部门已经做了哪些工作？未来还需要做哪些工作？

上周我们做了哪些为客户创造价值的工作？

本周我们将如何为客户创造价值？

②＿＿＿＿＿＿＿＿＿

为推动实现公司目标，我们部门已经做了哪些工作？未来还需要做哪些工作？

上周我们做了哪些为客户创造价值的工作？

本周我们将如何为客户创造价值？

③＿＿＿＿＿＿＿＿＿

为推动实现公司目标，我们部门已经做了哪些工作？未来还需要做哪些工作？

上周我们做了哪些为客户创造价值的工作？

本周我们将如何为客户创造价值？

| 领导层会议 | 本次会议主持人 |

① _____

本周将开展哪些重大事项?

是否存在影响这些事项的负面因素?

各项任务的负责人是谁?

② _____

本周将开展哪些重大事项?

是否存在影响这些事项的负面因素?

各项任务的负责人是谁?

③ _____

本周将开展哪些重大事项?

是否存在影响这些事项的负面因素?

各项任务的负责人是谁?

5 成本

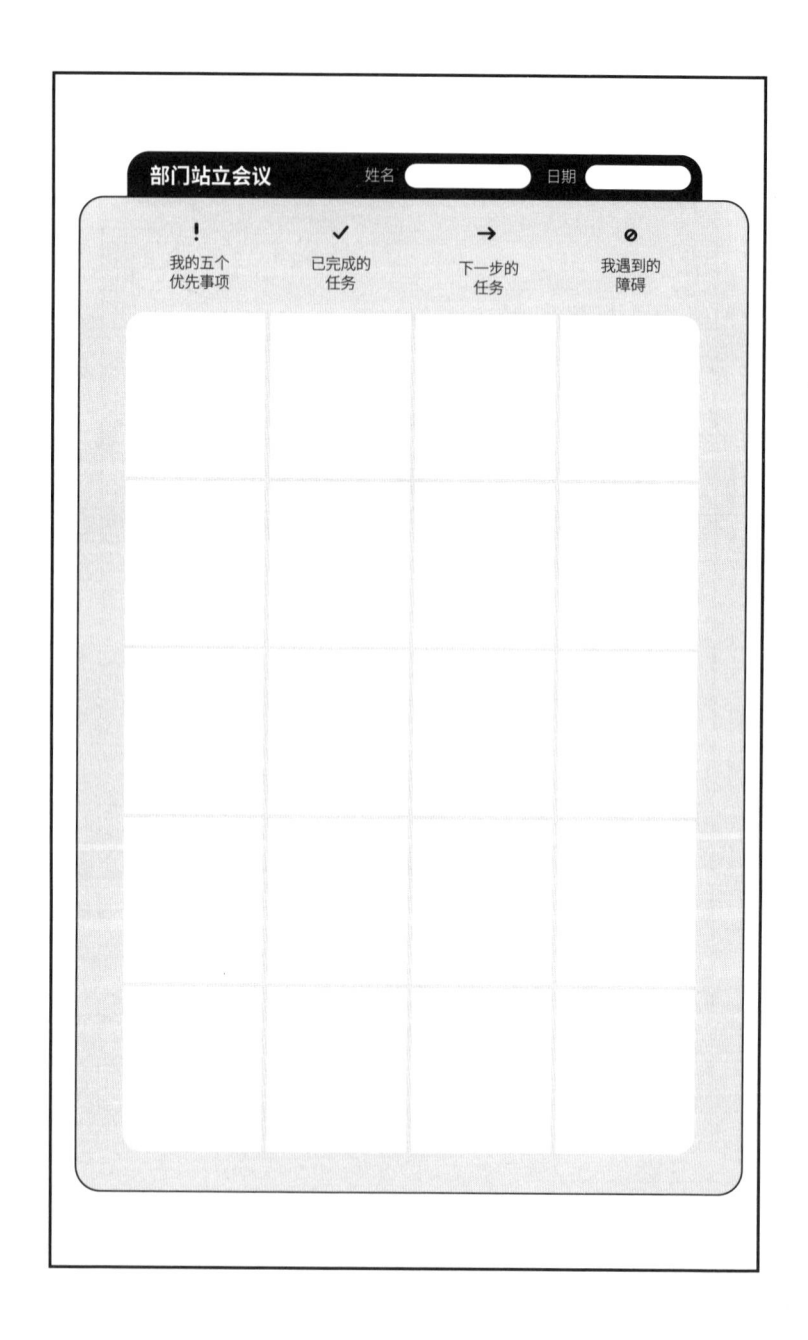

部门站立会议	姓名		日期	
! 我的五个优先事项	**✓** 已完成的任务	**→** 下一步的任务	**⊘** 我遇到的障碍	

个人优先事项进度检查

姓名 _____

公司优先事项
(截至 _____)

① ② ③

本部门的优先事项
(有时限、可衡量、有针对性)

1. _____
2. _____
3. _____
4. _____
5. _____

我个人的优先事项
(有时限、可衡量、有针对性)

1. _____
2. _____
3. _____
4. _____
5. _____

我的发展优先事项

1. _____
2. _____
3. _____

5 成本

季度绩效考核

姓名

个人优先事项	超出预期	符合预期	低于预期
#1: 评论:	☐	☐	☐
#2: 评论:	☐	☐	☐
#3: 评论:	☐	☐	☐
#4: 评论:	☐	☐	☐
#5: 评论:	☐	☐	☐

准备好接受个人优先速度检查了吗?   ☐ ☐

下一步的工作重点

在采取了以上五个步骤之后，你会发现你的小企业开始成为一部赚钱机器。那么你该如何管理这些钱呢？接下来我们将转向第六步：五个账户确保公司财务安全。

6

现金流
CASH FLOW

STEP SIX

第六步：油箱

五个账户确保公司财务安全

步骤六将帮助你解决如下问题:

- 你难以将你的个人财务和公司财务明确分开。
- 你总是担心你的现金会花光。
- 会计师给你的损益表看上去很混乱,无法帮助你做出决策。
- 你不确定公司的实际利润是多少。
- 你希望通过小企业进行外部投资,以积累个人财富。
- 你想把额外资金再投资到公司的招聘、新技术、广告等方面。
- 你需要实时了解你的小企业的财务状况。

领导力
驾驶舱

营销
右引擎

产品
机翼

成本
机身

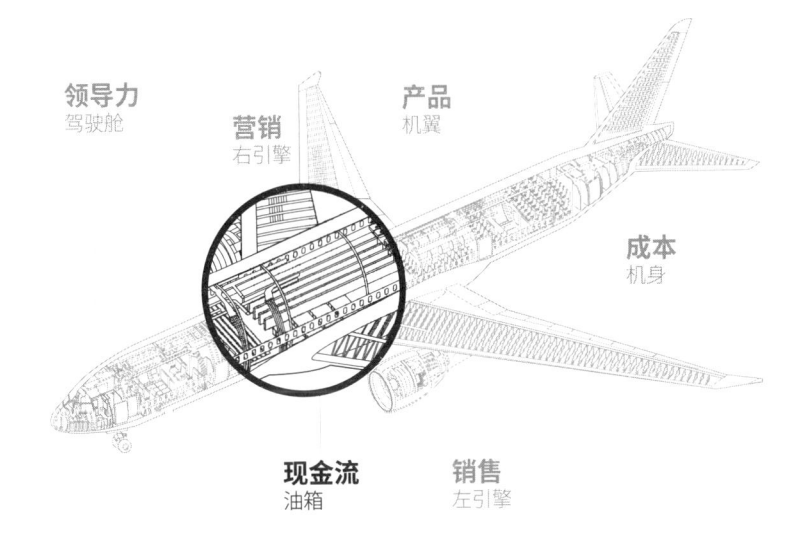

现金流
油箱

销售
左引擎

如果你能把业务的六大方面都管理得井井有条，那你的企业肯定会实现增长，你也能够因此赚取更高的利润。这时候我们就需要关注最后一个问题了：小企业的现金流。即使你的企业设计得像一架飞机一样完美无瑕，它也很容易面临因资金耗尽而坠毁的风险。

按照我们关于飞机的这个比方，油箱代表的就是你业务中的现金流问题。如果你的燃料很充足，你的飞机自然可以飞得又快又高。更重要的是，即便你遇到了突发状况，充足的燃料也能让你绕着机场多盘旋几圈，这样你就能够争取到足够的时间去解决飞机故障。

但在这个盘旋的过程中，一些飞行员也曾遭遇过燃料突然耗尽的状况，并最终导致机毁人亡。无论你的飞机多大多漂亮，如果没有了燃料，它都只能坠落到地上。

所以，为了能够支付各种账单，获得丰厚的薪资，存下应急的资金，按时缴纳税款，以及利用我们企业的成功去推进更多的外部投资，我们到底应该如何管钱？而且最关键的是，我们如何能够确保我们的钱永远都花不完？

答案就是：使用五个活期账户来管理好你的小企业现金流。

你无须为财务问题烦恼

小企业现金流简易管理规范是我在无意间创造出来的。和很多小企业一样，在我开始创业时，我也只有两个账户：一个是我的活期账户，一个是我的存款账户。我的业务支出和我的个人支出都来自我的活期账户。这是我犯的一个巨大错误，这不仅是因为它让报税变得更加复杂，而且还模糊了我的业务和我个人生活的界限。那时候我还没有聘请员工，所以完全不知道为赚钱而花的钱和为食衣住行而花的钱到底有何区别。但由于我的公司一直在用我个人活期账户里的钱，所以我很难搞清楚我的公司到底经营得怎么样，我也不知道我到底把钱花在哪里了。

于是我开始逐步增加我的银行账户数量。我新开了一个运营费用账户，这样我就能够掌握公司资金进出的情况。几年之后，由于总是担心没有预留足够的税款，我又开了一个税款准备金账户。之后我又开设了应急资金账户等多个类型的账户。我稍后会对这些账户的作用以及我如何使用它们做出详细的解释。

很快我就意识到，我这是相当于为一个痛恨管理资金的人创建了一套非常棒的资金管理体系。我喜欢赚钱，但我不是那种能静下心来计算每一分钱的人。我既不擅长审查预算，也不会把大把的时间拿来研究损益表。

如果你是那种觉得自己更擅长赚钱而不是管钱的企业主或者领导者，那么这套关于小企业现金流的简易管理规范就是你的不二之选。即便是不擅长管钱，我们也都需要好好管钱。只不过相对于管钱，大多数企业家更热爱的是赚钱。

使用五个活期账户来管钱的好处如下：

- 我可以随时登录我的网上银行并查看公司的整体财务状况。

- 通过登录网上银行，我可以清楚地知道我和妻子现在有多少钱，我的公司现在有多少钱。我清楚自己不能随心所欲地使用这些账户里的钱。我也从不会为个人利益而做出损公肥私的事情。
- 我再也不会遇到无法及时缴纳税款的问题。由于我已经在心理上将我自己的钱和我需要向政府缴纳的税款做了区分，所以我总是会照章纳税，而且绝对心甘情愿（好吧，其实还是有那么一点不情愿）。
- 我再也不害怕公司出现亏损，因为我知道我们肯定能度过危机。我们不必解雇任何人，因为我们的应急账户里有足够的资金。
- 通过查看我们的网上银行，我可以知道我和妻子为我们自己和家人存下了多少钱，创造了多少财富。我做生意是为了赚钱，而为了能够让我的家族世代昌盛，我还会用赚来的钱购买金融产品或进行投资。

既然好处这么多，所以你要赶紧把这个小企业现金流简易管理规范用起来，尤其是对那些喜欢赚钱多于管钱的人来说。有了这个规范，你就再也不用为财务问题烦恼了。

小企业现金流简易管理规范

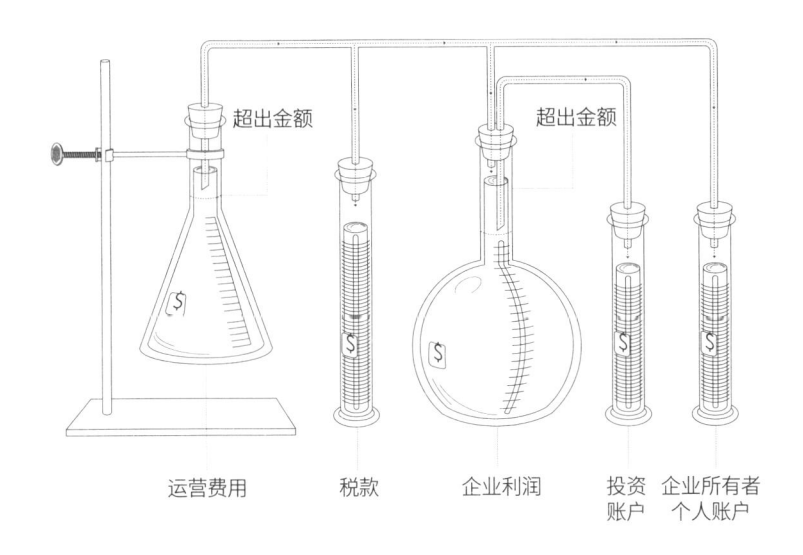

运营费用　　税款　　企业利润　　投资账户　　企业所有者个人账户

用于管理小企业财务的五个活期账户互相联通,构建出了一个用于资金流动的系统。你可以通过这个系统来监视和控制你的资金。

以下是对这五个活期账户及其用途的详细描述。

运营账户

所有关于你公司业务的资金,都会通过该账户流入和流出。这是你用于支付各种费用(包括你自己的工资)的主账户。你没看错,你必须确定你的个人工资。这对你业务的健康发展有着至关重要的影响。

个人账户

你的企业账户应当每两个月或每个月向你的个人账户发放工资。你应该给自己发多少工资，在很大程度上取决于你自己。如果你的新业务刚刚起步，那么为了让它能够尽快走上正轨，你可能会少给自己开点工资。但如果业务已经成熟，你就可以给自己多发点工资。这是你应得的。随着企业的发展，你最终会搞清楚自己应该拿多少钱。但你也必须牢记如下原则：你必须有固定的工资，唯有如此，你的企业才能够建立可预测的节奏，才能够让你更好地管理和拓展业务。随着企业的不断发展壮大，你可以不断给自己加薪。另外也不要忘记，你的工资和其他人的工资不同，是应税收入。稍后我们会讨论纳税的问题。

企业利润账户

企业利润账户用于存放企业暂时用不到的利润。你需要为你的运营账户设置一条高水位线。当运营账户中有多余资金时，你就可以把这些多余的钱转入企业利润账户。水位线的高度因企业而异，且会随着业务的增长而变化。当企业遭遇逆境并需要增加开支时，你也可以把这个账户里的钱作为应急资金来使用。

税务账户

税务账户用于存放你的支付或预付税款。这个账户可起到如下两个作用：（1）它可以保证你始终足额缴纳税款（同时也能够防止你把钱花在其他地方），缓解你在这方面的焦虑；（2）它在某种程度上可作为一个二级安全账户。稍后我会对此做出更详细的解释。

投资账户

你的企业利润账户用于存放利润以备不时之需，但如果该账户中的资金数目过大，超出了作为应急资金之所需，那你就应该考虑将其中的一部分转入投资账户，以用于其他的用途。顾名思义，你可以把这些钱用于外部投资，这样你就可以在不用操心的情况下赚到更多的钱。你可以投资房地产、股票、保险产品、定期存款、加密货币等任何项目。你也可以将该账户里的钱用于购买房产、路亚艇或者带全家人去欧洲度假。这个账户里的钱是你通过经营企业赚到的钱，是你可以自由支配的资金。当然，如果你不选择消费，而是将其用于投资，你的钱就会生出更多的钱，这也是超级富豪最喜欢的财富增值手段。钱生钱是众多超级富豪获得财富并保持财富的关键。换句话说，你的企业是一台让你赚钱的机器，而正是这台机器帮你赚到的钱，得以让你购买另一台赚钱机器。第一台机器和第二台机器的区别在于，你必须在第一台机器上工作，而第二台机器根本不需要你工作就能赚钱。

你应该先取出你的利润吗？

如果你了解迈克·米夏洛维奇并读过他的书《绝对利润》，你就会发现，我的这套管理规范和他的主张颇有几分相似之处。但我要强调，我并没有剽窃他的创意。在某年夏天长途自驾时，我偶然间听说了迈克的这本书，它让我生平第一次意识到，原来在企业资金管理方面，我并不是一个彻头彻尾的白痴。

在此之前，我一直在执行我自己的这套体系，而且我的企业从来没遇到过财务问题，但我总是怀疑，这套规范是不是只能拿来应急，而并未解决根本问题。我以为真正的商业家可能会采取不同的方法，或者拥有更好的体系。但迈克的书告诉我，我做对的事情要远比做错的事情多得多。

自从我读了迈克的书，我就和他成了朋友。事实上，我永远不会写作关于小企业现金流系统的书，因为迈克已经写过了。如果你想深入了解如何使用五个活期账户来经营你的企业，请阅读或收听《绝对利润》一书。

但我在两件事上有着和迈克不同的想法。迈克在其书中的主要观点是，你应该在每个月初从公司中提取固定比例的收入。你所取出这笔钱的数额应相当于你当月的预期利润。这就会迫使你对一项能让你盈利的业务进行逆向设计。但我的做法与此不同，我会根据运营账户里的现金盈余水平来决定是否提取利润，所以这种提取不是固定的。换句话说，我提取的是高出运营费用账户水位的那部分资金。如果我像迈克那样，在月初就把预期利润取走，那么我最终得到的利润只可能会变少，而不会变得更多。我的公司经常每隔一个月左右完成一笔大的交易，这意味着收入会不定期出现激增。在出现这种情况时，我就会从中提取利润。但如果我按照固定的比例预先提取利润，那么为了维持公司的运营，我就需要经常性地把钱转回到公司账户上，当然有时候也会出现相反的情况：我的运营账户里有太多的钱，而这会增加我花掉这些钱的冲动。

迈克还建议说，投资账户应该独立于其他账户，在单独的银行开设。他的意思是让我们忘记这笔钱的存在。这是个非常有智慧的想法，但我还是更喜欢能够在同一家网上银行看到我所有的账户信息。

我不定期提取利润的做法有错吗？迈克在月初将其按比

例取出并存入非常用账户的做法是否正确？我认为这两种体系各有所长，都是对我们资金管理方式的重大改进。

现在我们已经理解了小企业现金流简易管理规范的基本思想，下面我们来谈一下如何分步骤实施这一规范。

如何实施小企业现金流简易管理规范

第一步

去银行开通五个活期账户。这五个账户分别是你的运营账户、个人账户、税务账户、企业利润账户以及投资账户。你或许已经开通了类似的账户；如果是这样的话，你就需要重新命名这些账户，以使其体现相应的功能。此外，请确保你的网上银行会完整显示这些账户，这样你就可以轻松监控这些账户上的金额并对其进行比较。这是清晰了解企业财务状况的关键。

第二步

确保所有的企业资金都经运营账户流入和流出。所有的业务收入都应当流入此账户，所有的费用都应当通过此账户来支付（由税务账户支付的税款除外）。

第三步

你的双月或单月工资应当通过运营账户来支付，而且你的工资应当和员工的工资一样为固定金额。你不能用这个账户里的钱给自己买东西，无论是豪车还是名表。这里的关键是要明确你想拿多少钱以及你这笔钱能否支持你的长期生活。给自己发工资的好处主要是能够让你头脑保持清醒。这样你就知道哪些钱属于你，哪些钱属于能够让你赚更多钱的机器。

第四步

为你的运营账户设定高水位线。这意味着你需要在该账户中留有足够的资金，以使其能够扛住可能受到的最大冲击。举个例子，如果你的工资成本是每两周 2.5 万美元，那你就绝对不能让你账户里的钱少于 3.5 万美元。在支出了工资之后，你的账户里只剩下 1 万美元，但在下次发放工资之前，你会有两周的时间来补充资金。让我们假设你的高水位线是 3.5 万美元。这是一个不错的设置；这个数额可以保证你的业务安全，但也不会导致大量多余的钱闲置在你的运营账户中（而且这些钱常常会被迅速花掉）。假设有一天你看了看你的账户，发现里面有 6 万美元的现金，这意味着该账户里的资金比你设定的高水位线多出了 2.5 万美元，而且这些钱完全用不到。你应该做的就是把这多余的 2.5 万美元转入企业利润账户和税务账户。你只须登录网上银行就可以轻松地把 1.25 万美元转入企业利润账户，把剩下的 1.25 万美元转入税务账户。现在你的运营账户里还有 3.5 万美元，你的企业利润账户则增加了 1.25 万美元，另外你还存下了 1.25 万美元的税款。

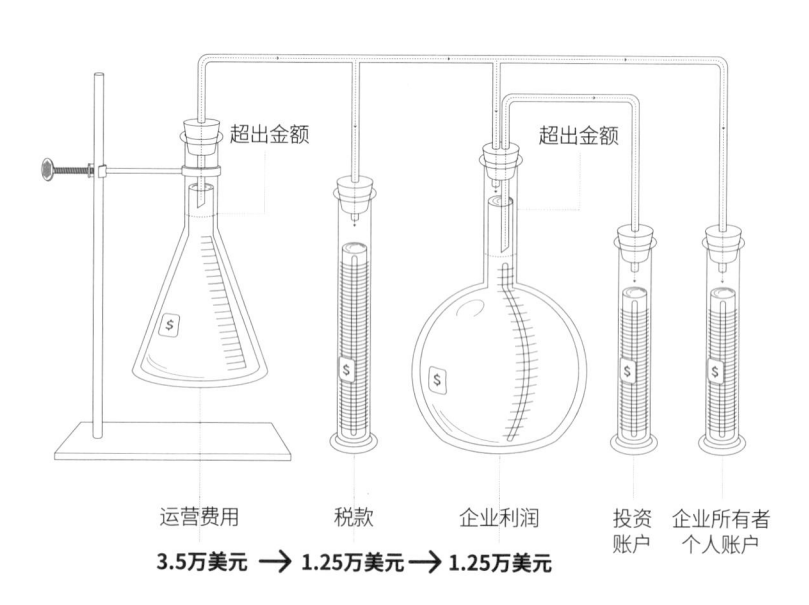

超出金额　　超出金额

运营费用　税款　企业利润　投资账户　企业所有者个人账户

3.5万美元 → 1.25万美元 → 1.25万美元

这个管理规范的优点在于，你可以通过它轻松地查看你的企业利润账户，了解（除了工资之外）你到底赚了多少钱，你也会因此非常满意自己公司的业务进展。你还可以查看你的税务账户，并庆幸有足够的资金支付季度营业税和工资税。事实上，你可能还会持续地往税务账户里面转钱，等到年末缴完了各种税之后，你会发现税务账户里还有多余的资金，这时候你就可以把这些资金从税务账户转移至企业利润账户。大多数小企业的情况往往与此截然相反，所以报税日对它们来说是一场劫难，对你而言却是非常美好的一天。

第五步

和运营账户一样，你也应当为你的企业利润账户设置一条高水位线。你需要尽力使你的企业利润账户余额一直处于或高于这条线的水平，因为企业利润账户也是你的应急资金账户。我的建议是，企业利润账户的高水位线应当是运营账户高水位线的 6 倍左右。如果你运营账户的高水位线是 3.5 万美元，那么企业利润账户的高水位线应该是 21 万美元。这确实不是一个小数目，而且放在那里也产生不了几个利息，但这笔钱却能给小企业主带来最具价值的回报之一：安心。

你的利润余额是你最高运营费用的 6 倍，这意味着什么？这就相当于你有了一个储备油箱，即便遭遇了危机，你也能够利用这个储备油箱，在机场上空继续盘旋 6 个月。有了这么充足的应急资金，你就再也不惧恶劣天气或飞机故障，因为你有足够的时间去适应或者做出调整。你再也不用为是否需要裁员或者需要让飞机迫降而失眠。

随着业务的壮大，你可能会发现，在基础活期账户里放这么多的钱也是一个麻烦。如果通胀恶化，这些钱就会持续贬值。如果这是你现在面临的情况，那么我要恭喜你，这说明你手里有很多的钱。你可以从企业利润账户里拿出一部分钱，然后将其投入具有更高利率或者回报率的项目上。但请注意，你一定要确保资金的流动性。你难免会出现错估形势的情况，在这个时候你就需要把企业利润账户里的钱重新转入你的运营账户。当然，如果你能设置好高水位线，并能够很好地把握把钱从运营账户转到利润和税务账户的时机，你一般不会遇到这个问题。但天有不测风云，我们难免会遇到现金流出现波动的情况，这时候你就需要用企业利润账户里的钱来缓解暂时的困难。

还要记住一点：当你把钱从企业利润账户转回运营账户时，你也可以把同样数额的资金从税务账户转回运营账户，因为这些钱都不再属于应税收入。换句话说，如果你急需 1 万美元的运营资金，那么你可以从企业利润账户里转出 5000 美元，然后再从税务账户转出 5000 美元。

那么，当你的企业利润账户上有大量的闲钱时，你又应该做些什么呢？假设你查看了账户，发现你企业利润账户的余额已经达到了 25 万美元，你为该账户设定的高水位线则为 21 万美元。这意味着你的业务已经成为一台马力十足的挣钱机器。这些钱都属于你。你可以拿它们做任何你想做的事。然而，在你准备购入电影《加勒比海盗 4》中所使用的黄铜伸缩航海望远镜之前，我还是建议你先把钱转入你的投资账户。为什么呢？因为光是这个账户的名称就会给你施加压力，让你放弃购买望远镜（尽管市场上只剩下 19 支这样的望远镜了）并选择将这笔钱用于投资。转入投资账户的这笔钱，最终会让你实现更大的个人财富增值。

我投资账户里的钱主要用在了买房和充实养老金账户上。此外我们还将钱投向了人寿保险、股市、物业出租以及慈善机构等方向。我的妻子贝琪是一家反人口贩卖组织的董事会主席，我们会从投资账户里拿出部分资金来支持这家机构。此外，我们还会出钱举办慈善晚宴，这样我们就可以募集到更多的善款。由于我们打造了一台运行良好的业务机器，所以我们可以按照预期有计划地实施这些慷慨之举，我们很开心能够持续稳定地去推进这些事。

你当然可以随意挥霍自己投资账户里的资金，这是你的自由。但是如果你能先去投资，然后再用你从投资中赚到的钱去买自己喜欢的东西，那么你就能够两者兼得：既可以获得自己的心爱之物，又可以通过投资去源源不断地赚取未来收益。

我在本章开头就说过，和管钱比起来，我更喜欢赚钱，但我从没有在资金管理上出过问题。我们一直有着充足的资金，能够在推动业务发展和按时纳税的同时过好我们的生活并处理好投资事宜。

业务壮大了，那你的高水位线要不要变？

只要你执行小企业盈利计划，你的业务就会实现增长。我记得多年以前，我在 Instagram 上看到我的一个朋友发帖庆祝他自己公司的收入突破 200 万美元。当时我有点震惊，因为我觉得我不可能取得这样的成功。但通过坚持不懈地使用本书所介绍的这套规范和框架来管理公司，我在不到两年的时间里就将自己公司的收入做到了 300 万美元以上，而且到今天为止，我们的收入仍在以两位数的速度持续增长。

你的企业的增长速度可能会远超你最初的想象，这没什么值得大惊小怪的。当然，如果出现了这个情况，你的运营账户和企业利润账户的高水位线也需要随着企业支出的增长而发生变化。你的高水位线可能需要从 3.5 万美元提高到 5.5 万美元，这取决于你业务的具体收支情况。你怎么知道需要做出变化了呢？当你的运营费用变得越来越大，并使得你的账户余额越来越接近 0 时，你就需要做出改变了。这其实是一件值得庆贺的事情，因为这意味着包括你投资账户余额在内的所有财务指标都会变得越来越大！

当然，你的企业可能并不只属于你，你可能会有合伙人，甚至还要面对有投资人的复杂情况。这其实没什么好担心的。关键是要遵照各方商定的节奏来分割投资账户。本规范同样适用于有外部投资人的情况。

小企业现金流简易管理规范的优点是能够促进你业务的增长。无论你现在所从事的是一项年收入只有 2 万美元的副业，还是超过 1 亿美元的大买卖，这个规范都能够帮你赚到更多的钱，并让你保持理智。

7

制订小企业盈利计划

HOW TO INSTALL
THE SMALL BUSINESS FLIGHT PLAN

好了，现在我们已经知道了该如何明确我们的使命和指导原则，强化我们的市场营销，实现更多的销售，优化我们的产品提供，提升我们的工作效率，以及管理我们的现金流。那么问题来了：我们该如何落实这一整套的操作规范？

在最后一章中，我将介绍实施小企业盈利计划的各种方法。无论你经营的是 B2B 企业、B2C 企业、非营利组织、个体企业、初创企业、成长型公司，还是价值 1 亿美元的成功企业，你都可以应用我们的小企业盈利计划。

经营小企业可以是一段令人激情澎湃的旅程，但我们必须承认，它也可能是一种沉重的负担，甚至演变成一场带来长久伤痛的财务灾难。当然，这两种截然不同的结果是由多种因素共同决定的，但如果你拥有一款真正受人喜爱的好产品，并且能够将其推向市场，那么剩下的大部分工作不过是简单的业务建设。我说它简单，是因为这是它的本质，只不过我们在把一件简单的事情搞得越来越复杂。

我们所介绍的六步法将有助于你落实小企业盈利计划，尽管它无法帮助作为小企业主的你解决所有难题，但它确实能够解决大部分问题。事实上，这个盈利计划具有预防灾难的功效，它能够帮助小企业躲过绝大多数的坑。

你可以根据自己的情况自由对这些步骤做出调整。例如，我知道很多小企业主会在其指导原则中添加核心价值观，又或者，他们会把每周一次的领导层会议改为每日一次。当然，只要你遵循我们设计的框架和规范，你就会取得成功。但毕竟你比我更了解你自己的企业，所以你很清楚你需要在哪些方面做出具体的调整。尽管如此，我还是建议，当你遇到困难时，你应该先诚实思考一下，是不是只需落实我们提供的这些规范就能够解决这些问题。

行稳致远

请稳步实施你的小企业盈利计划。如果你想毕其功于一役，那你可能会感受到非常大的压力。但如果你能按部就班地执行各个环节，并且只有在做好上一步的前提下才考虑继续推进，那么估计不出一年的时间，你就能让你的整个业务脱胎换骨。

你也不用非要按照我们所列出的步骤顺序来落实盈利计划。事实上，如果你正面临现金流的问题，你大可以先从第六步开始。为了更好地监控资金的流转，你应当先去开通五个活期账户。然后你可以去落实第三步，这样你就能够实现更大的销售额，让更多的钱流入你的这些账户。等到业务稳定了，你可以回过头来落实第一步以及其他的各个步骤。我们在 MyBusinessReport.com 上提供了评估表，你可以利用它来分析你业务的六大组成部分，并找出你当下亟须解决的问题。

落实小企业盈利计划的三种方法

实施小企业盈利计划的方法有三种。第一种是以本书为指导并自行落实计划。这本书中有你需要的一切。如果你买了本书的音频版，你可以在上下班或者早晨锻炼的时候抽空听一下。你可以一边学习本书一边打磨你的小企业盈利计划，这样整个流程会变得越来越容易操作。

如果你更喜欢通过视频学习本书的内容，那么你可以登录 BusinessMadeSimple.com，观看我们提供的关于每个步骤的点播教程。这个平台的订阅费用非常低，你可以通过观看这些视频来熟悉整个操作流程。该平台还提供数字版的盈利计划，并提供对过往工作表的存档服务。所以你可以通过在线资源的指导来管理你的小企业。

你还可以通过聘请企业教练来带你完成整个流程。我们的认证教练遍布全球，他们能够有效地帮助小企业主实现企业转型。我们的很多教练提供小组式服务，因此你可以在实施盈利计划的过程中认识不少新朋友。实际上我自己也会定期参加这样的小组，因为这些小组中的小企业主不仅会分享他们的最佳实践，还会互相鼓励，这些都令我获益匪浅。你可以登录 HireACoach.com，查看我们的商业至简受训和认证教练名单。

经营小企业可以既有趣又有回报

我认识不少小企业主，老实说，如果他们选择为别人打工，日子可能会过得好得多。业务上时而停滞时而向前的频繁波动很容易引发焦虑，让人精神麻木，而经济上的那种不安全感更是一路上如影随形。我不仅希望小企业盈利计划可以帮助你建设小企业，更希望它能让你成为更好的母亲或父亲、更好的丈夫、更好的妻子和更好的朋友。财务上的保障并不能让一个人变得完整，但如果你能够学会如何应对成功，你的人生会变得更加完满。因为落实了小企业现金流简易管理规范，所以我和妻子很少为经济问题争吵。因为我们创建了自己的指导原则，所以我们从不会因业务的发展方向起争执。因为我们执行了管理和生产简易操作规范，所以我们不用担心资源浪费的问题。因为我知道我能够通过使客户参与到某个故事中来完成销售，所以我不会担心现金流短缺。因为我们明确了营销信息，所以我也不用担心营销投入会产生不了效果。

我热爱我的小企业。我热爱我的团队，他们无与伦比，总是能够精神饱满地投入工作。我很高兴自己能够在内容创建和框架完善方面发挥自己的作用。我很欣慰我和妻子能够通过自己的努力为我们的女儿留下一份丰厚的经济财富。我们每个人都希望建立自己的小企业，并以此获得财务自由。但我确实没有想到这份事业能够带给我们如此多的乐趣。现在我的企业已经步入正轨，但说实话，我有点怀念当初那段四处摸索的冒险日子。我知道那是一段充满艰辛的日子，但那也确实是一段充满乐趣的日子。站在山巅的感觉固然舒适，但攀登的过程才最值得回味。

在美国，像你我这样的小企业主提供了大量的就业岗位。小企业的雇工人数超过了美国十大公司的总和。这意味着，如果我们能够使运营专业化，我们的雇员就能够获得更多的安全保障，拥有更好的福利，更懂得其工作的重要意义，而且如果我们取得成功，他们也会拿到更高的薪资。我说这些的目的是强调我们创办企业的重要意义。包括我们自己在内的所有人的生活质量，都会因我们的这份努力而得到改善。

祝愿你的小企业能够取得成功。如果还有什么需要我帮忙的，请一定要告诉我。最后，祝你一路平安。

世界各地的小企业正在我们的社区中创建它们的收入倍增盈利计划。欢迎你也加入我们在 SmallBusinessFlightSchool.com 的社区。

小企业盈利计划

业务起飞六步法

01

领导力
驾驶舱

实现个人和团队蜕变，打造具有使命的企业

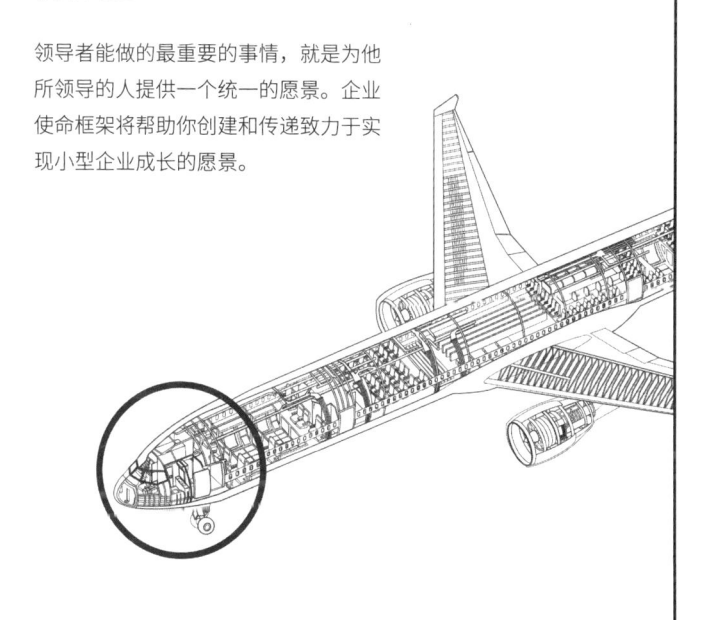

领导者能做的最重要的事情，就是为他所领导的人提供一个统一的愿景。企业使命框架将帮助你创建和传递致力于实现小型企业成长的愿景。

打造有使命的企业
指导原则表

使命宣言

主要特征

① ② ③

关键行动

① ② ③

02

营销
右引擎

明确信息，才能吸引客户参与

超过 70 万名小企业主已使用"故事品牌信息传递框架"明确了他们的信息。明确的信息会让更多的客户下单。

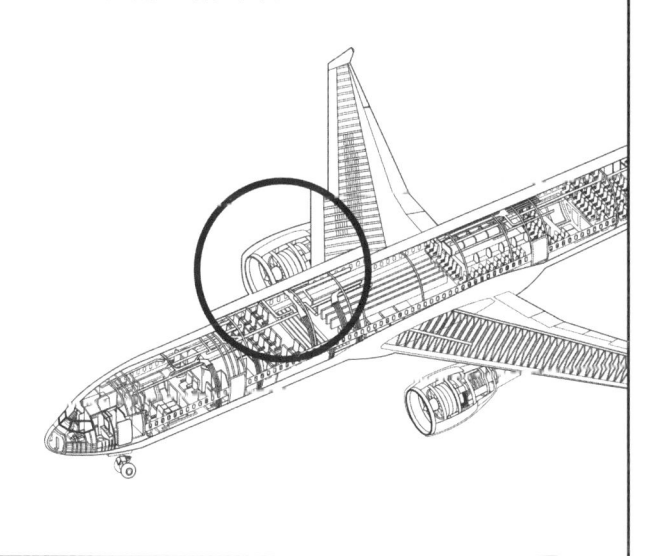

项目

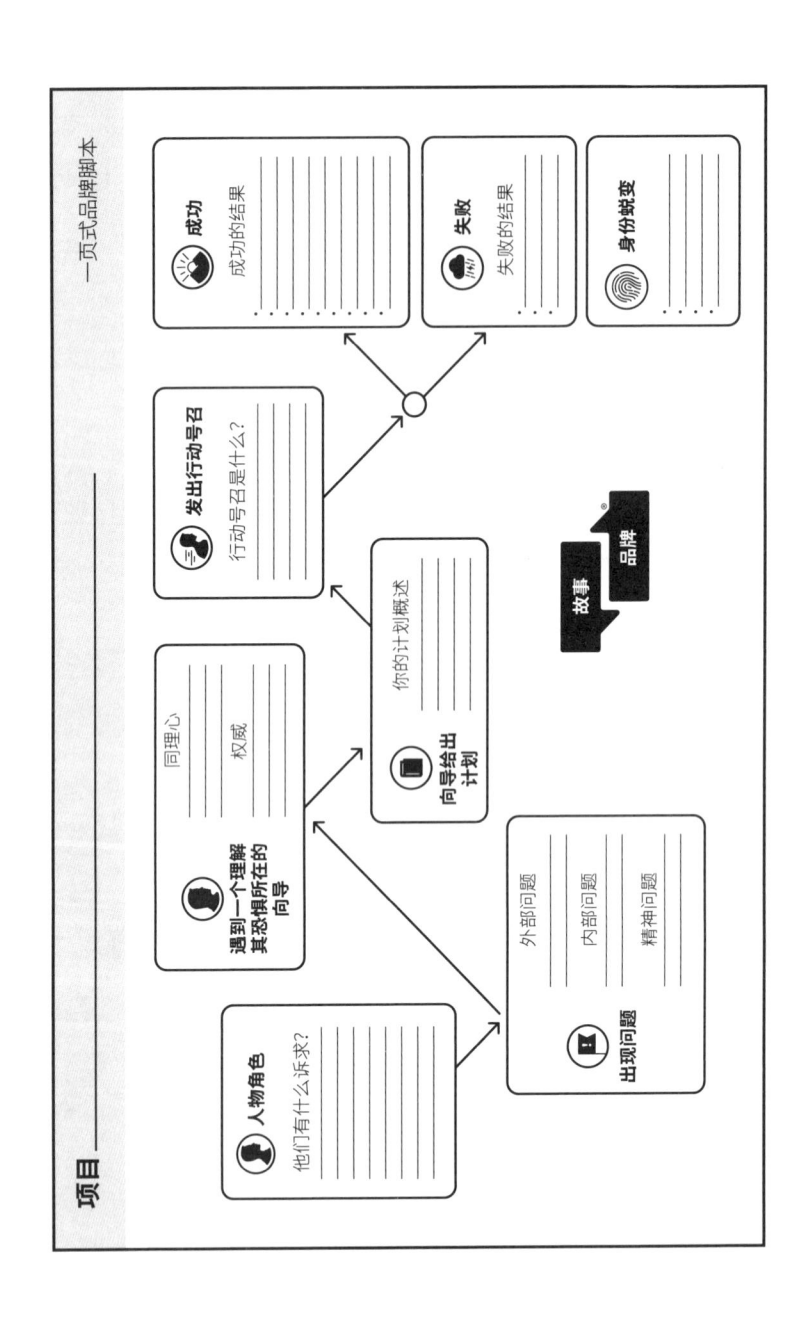

一页式品牌脚本

- **成功** — 成功的结果
- **失败** — 失败的结果
- **身份蜕变**

- **发出行动号召** — 行动号召是什么?

- **向导给出计划** — 你的计划概述

品牌 故事

- **遇到一个理解其恐惧所在的向导** — 同理心 / 权威

- **出现问题** — 外部问题 / 内部问题 / 精神问题

- **人物角色** — 他们有什么诉求?

236　　稳定经营：小企业持续盈利 6 步法

03

销售
左引擎

不做推销，而是要以客户为主角，让他们参与到故事之中

很少有人喜欢做销售工作。但如果你是一家小型企业的企业主或者领导者，你就必须做好销售工作。基于"客户即主角"销售框架，你无须进行推销，而是要把客户带入你的故事当中。以下是为讨厌销售的人量身定做的一套销售框架，而且它很有效。

"客户即主角"销售框架

① 从问题入手

② 将你的产品定位为问题的解决方案

③ 为客户提供分步骤的计划

④ 描述后果(负面)

描述后果(正面)

⑤ 号召客户展开行动

套用此公式为以下销售方式创建脚本:
- 销售对话
- 销售信函
- 销售提议
- 销售演讲

04

产品
机翼

从收入和利润角度优化你的产品提供

提升利润率的最好方法是卖出更多能产生最大利润的产品。很少有商界领袖真正知道他们的利润从何而来。在从利润角度优化了你的产品提供之后，你就掌握了如何实现利润最大化的诀窍。

产品盈利性审计表

产品名称	生产成本	销售和营销成本	分销成本	额外支持费用	单位总利润

产品概要表   Business Made Simple

项目负责人：

产品名称

1. 产品的名称是什么？

2. 该名称是否很好地描述了产品并展示了其价值？

3. 该名称是否会让人困惑或在市场上造成问题？

产品描述

1. 该产品能为我们的客户解决什么问题？

2. 该产品如何解决客户的问题？

3. 描述客户使用该产品所能得到的好处：

4. 描述该产品的特征，以及它将如何帮助客户：

核心信息传递

1. 我们的客户是谁？

2. 我们是否有机会进入该产品的目标市场？如果有，如何进入？

3. 我们将如何在营销材料中描述客户的问题？

4. 我们的一句话营销语是什么？

高级营销研究

1. 市场对该产品的需求是否已得到证实？

2. 我们是否已经展开关于客户对该产品需求的调查？我们在调查中询问了哪些问题，得到了什么样的答案？

3. 该产品的竞争对手是谁？

    a. 我们的价格是高于还是低于竞争对手？

    b. 面对竞争，我们是如何自我定位的？（我们产品的优势是什么？）

财务问题

1. 该产品的定价是多少？我们是如何确定这个价格的？

2. 该产品是否有利可图？

3. 制造和维护该产品的成本分别是多少？（我们是否需要雇用支持人员，是否需要增加技术支持，等等。）

4. 谁对与该产品相关的收入负责？

销售预测（基于当前客户基础）

1. 30、60、90天的销售目标分别是多少？

2. 有关该产品第一年的收入预测是多少？

3. 第一年的销量目标是多少？

产品验证

1. 该产品是否会对现有产品造成影响？

2. 该产品是否会对现有或未来客户造成负面影响？为什么？

关键日期

1. 该产品会什么时候推出？

2. 什么时候创建此产品的推广页面？

3. 什么时候向当前用户推送预发布公告？

销售和营销计划

1. 我们什么时候确定关于该产品的关键销售和营销元素？
    a. 一句话营销语
    b. 推广页面
    c. 潜在客户生成工具
    d. 客户教育或销售电子邮件
    e. 社交媒体渠道

05

管理成本与运营费用
机身

利用管理和生产简易操作规范来精简你的工作流程

劳动力成本是大多数企业最重要的成本，但员工不应该成为企业的负担，只要你能够让团队把精力都集中到企业的三大经济优先事项，让所有人都致力于同一目标，你的生产率就会提高，劳动力成本也因此会保持在一个合理水平。如果你正打算创建一套能够为企业减负且兼具可预测性和可靠性的工作流程却不知道如何下手，那么我们的管理和生产简易操作规范将成为你有益的参考。

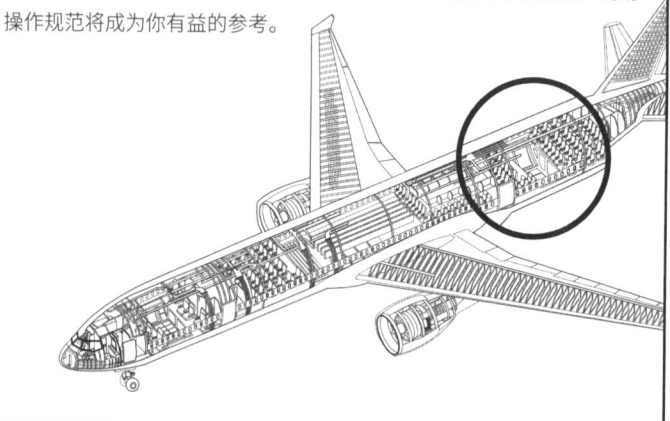

全员会议   日期

公司优先事项
(截至 _____)

① ② ③

部门更新

① _____

为推动实现公司目标,我们部门已经做了哪些工作?未来还需要做哪些工作?

上周我们做了哪些为客户创造价值的工作?

本周我们将如何为客户创造价值?

② _____

为推动实现公司目标,我们部门已经做了哪些工作?未来还需要做哪些工作?

上周我们做了哪些为客户创造价值的工作?

本周我们将如何为客户创造价值?

③ _____

为推动实现公司目标,我们部门已经做了哪些工作?未来还需要做哪些工作?

上周我们做了哪些为客户创造价值的工作?

本周我们将如何为客户创造价值?

领导层会议　　　　本次会议主持人

① _____

本周将开展哪些重大事项?
_____
_____

是否存在影响这些事项的负面因素?
_____
_____

各项任务的负责人是谁?
_____
_____

② _____

本周将开展哪些重大事项?
_____
_____

是否存在影响这些事项的负面因素?
_____
_____

各项任务的负责人是谁?
_____
_____

③ _____

本周将开展哪些重大事项?
_____
_____

是否存在影响这些事项的负面因素?
_____
_____

各项任务的负责人是谁?
_____
_____

| 部门站立会议 | 姓名 | | 日期 |

!	✓	→	⊘
我的五个优先事项	已完成的任务	下一步的任务	我遇到的障碍

7 制订小企业盈利计划

个人优先事项进度检查

姓名 _____

公司优先事项
(截至 _____)

① _____ ② _____ ③ _____

本部门的优先事项
(有时限、可衡量、有针对性)

1. _____
2. _____
3. _____
4. _____
5. _____

我个人的优先事项
(有时限、可衡量、有针对性)

1. _____
2. _____
3. _____
4. _____
5. _____

我的发展优先事项

1. _____
2. _____
3. _____

季度绩效考核　　　　　　　　　姓名

个人优先事项　　　　　　　超出预期　符合预期　低于预期

#1:
评论:
☐　☐　☐

#2:
评论:
☐　☐　☐

#3:
评论:
☐　☐　☐

#4:
评论:
☐　☐　☐

#5:
评论:
☐　☐　☐

准备好接受个人优先速度检查了吗?　　☐　☐

下一步的工作重点

7　制订小企业盈利计划

06

现金流
油箱

使用五个活期账户来管理你的小企业现金流

我们都会查看损益表，但它们真的能帮你做出决策吗？你的损益表是否能帮助你了解你有多少钱，你的公司有多少钱，你预留了多少用于缴纳税款的钱，你公司的实际利润是多少，以及你手头是否有足够的现金来投资好的项目？如果没有，用五个活期账户来管理你的业务，你的前进方向会因此而更加清晰和安全。小企业的财务问题并不见得会很复杂。

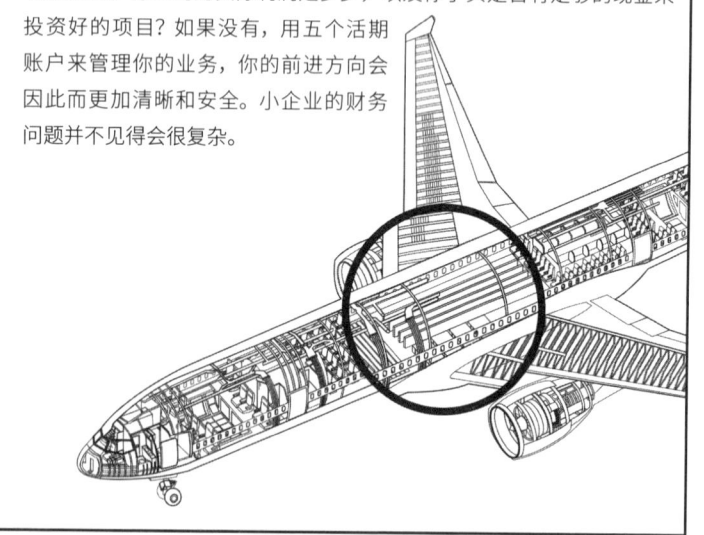

商业至简之

小企业现金流简易管理规范

失去现金流会让企业陷入绝境。虽然很多小企业主非常善于赚钱，但他们并不一定擅长管钱。请使用我们的小企业现金流简易管理规范，让你的企业发展得更快，走得更远。落实小企业现金流简易管理规范会给你带来如下好处：

- 你永远不会出现意外的现金流短缺。你会提前知道你的总体利润是否在萎缩。
- 你永远留有足够的税款，而且绝不用担心收到意外的税单。
- 你永远有钱支付员工工资。
- 你会确切知道你能够通过你的企业赚多少钱。
- 你会有能力持续对业务进行投资，确保企业的长期增长。

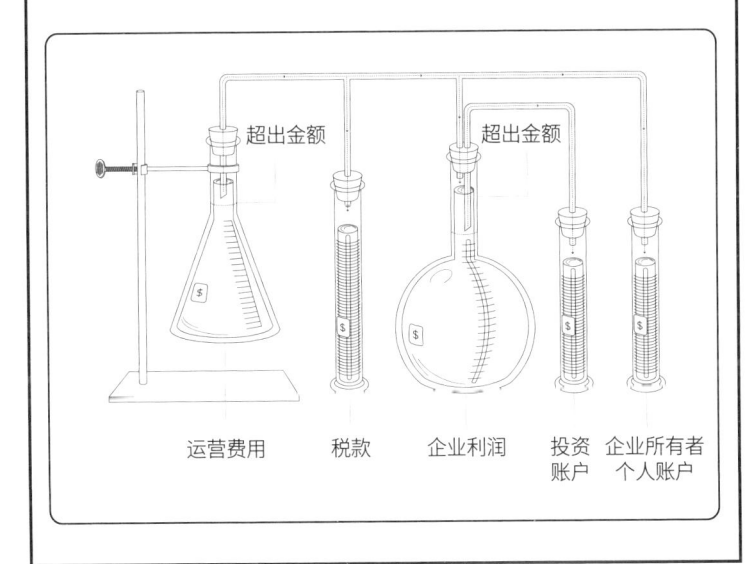

超出金额　　　超出金额

运营费用　　税款　　企业利润　　投资账户　　企业所有者个人账户

运营账户

这是所有运营资金的进出账户。所有收入都流入该账户，包括企业主工资在内的所有支出都出自该账户。

个人活期账户

这是企业主的个人账户。企业主每一到两个月从经营账户中支取一次固定工资，并将其转入个人账户。企业主不能将经营账户中的资金用于个人。

企业利润账户

当经营账户超过预定金额时，你需要将超出部分取出并存入你的企业利润账户。你的企业利润账户最终将增至每月运营管理支出的5~6倍，为你的企业构筑了一道安全网。

税务账户

每当你把一笔钱存入你的企业利润账户，你都需要把同样数额的资金存入你的税务账户。这实质上是在把企业所赚取的超额资金（即真实利润）在你的利润账户和税务账户之间进行分配。把50%的利润存入你的税务账户可确保你永远能足额缴税。事实上，由于你的税率肯定会低于50%，所以在年终交完税之后，你这个账户里的钱肯定会有剩余，这就相当于你为自己积攒了一笔丰厚的回报。

投资账户

你的企业利润账户也需要预设一个最高阈值，该值应相当于你月度支出的5~6倍。当企业利润超过该阈值时，你需要将超出部分取出并存入你的投资账户。这是你的个人资产，可以自由处置。我们的建议是将这笔钱用于能够带来更多资金回报的投资，你也可以借此实现收入的多元化。例如，你可以使用这笔钱来充实你的个人养老金账户，购买房地产等资产，或者投资于股市。

致谢 ACKNOWLEDGMENTS

感谢比尔·哈斯拉姆给予的鼓励,是他善意地指出我需要使运营专业化。感谢道格·凯姆帮助我实现了这一目标。我还要感谢我的以下团队成员:凯尔·威利斯、凯尔·里德、JJ.彼得森博士、马特·哈里斯、泰勒·金、杰克·奥斯利、玛莉·约瑟夫、安迪·哈里森、卡里·艾伦·约翰逊、亚伦·阿尔弗雷、鲍比·理查兹、林赛·斯菲利、山姆·布赫霍尔兹、史蒂文·帕克、卡莉·库兹、艾米·史密斯、梅西·罗宾逊、希拉里·史密斯、凯利·柯克、普伦蒂斯·西姆斯、泰勒·布里奇斯、罗茜·亨特、汉娜·希区考克斯、苏珊娜·凯利、詹姆斯·斯威廷、科林·史密斯、扎克·格鲁兹斯基、乔什·兰德鲁姆、帕特里克·科普兰、苏珊娜·诺曼、安德里亚·德莱昂、蒂姆·舒勒和西德尼·魏德利希。我还要特别感谢艾米丽·帕斯蒂纳,她管理我们所有的项目,是她每天早上让我知道我应该做什么。她解放了我的创造力,我对此深表感激。我也要感谢数百名商业至简的认证教练和故事品牌认证向导,他们一直与我们通力合作,帮助世界各地的小企业主发展他们的企业。我还要感谢我们的服务商,他们一路上与我们携手同行,协助我们举办了一场又一场销售和营销框架培训。

我要特别感谢凯里·默多克。写作本书花了我整整一年的时间,没有他的支持,我不可能持续保持良好的写作状态。

我和我的代理商和出版商一直保持着良好的友谊和业务关系。韦斯·约德是世界上最好的图书代理人,他从第一天起就在帮我构思这本书。莎拉·肯德里克不仅是一位出色的编辑,她还非常有趣,总能在提出批评的同时逗我开心。杰米·洛卡德经营着一艘稳固大船,深得我们这些写作者的信任,贝琳达·巴斯 20 多年来一直在为我制作出色的图书封面。我也要感谢琳达·艾丽拉的编辑支持以及安德鲁·麦克法迪恩-凯彻姆的文案编辑。

我还要感谢我的妻子,她每天早上都会亲吻我,然后送我出门。她认为我从事的是一份非常重要的工作,因为她也非常关心小企业主。我们有很多的小企业主朋友在战斗,而她只想看到他们取胜。我爱你,贝琪。

最后，我要感谢你，我的读者朋友。谢谢你相信你自己，相信你的产品，相信你的员工，相信你的客户。只要你继续向前，我就会和你一路同行。我知道这是一段艰辛的旅程，但我相信你一定会取得成功。